亚洲的低成本土地和住房

联合国人类住区规划署　编　著
中华人民共和国住房和城乡建设部计划财务与外事司　组织编译

中国建筑工业出版社　　　　　　UN◉HABITAT

图书在版编目（CIP）数据

亚洲的低成本土地和住房/联合国人类住区规划署编著；中华人民共和国住房和城乡建设部计划财务与外事司组织编译．—北京：中国建筑工业出版社，2014.8

ISBN 978-7-112-17220-7

Ⅰ．①亚… Ⅱ．①联…②中… Ⅲ．①土地资源－研究－亚洲②住宅建设－研究－亚洲 Ⅳ．①F330.11②F299.303

中国版本图书馆CIP数据核字（2014）第200092号

Affordable Land and Housing in Asia (Volume 2)

Copyright © United Nations Human Settlements Programme (UN-HABITAT), 2011

All rights reserved.

本书经联合国人居署正式授权翻译、出版

责任编辑：郑淮兵　王晓迪
责任设计：陈　旭
责任校对：李美娜　姜小莲

亚洲的低成本土地和住房

联合国人类住区规划署　编著
中华人民共和国住房和城乡建设部计划财务与外事司　组织编译

*
中国建筑工业出版社出版（北京西郊百万庄）
北京锋尚制版有限公司制版
北京方嘉彩色印刷有限责任公司印刷
*
开本：880×1230毫米　1/16　印张：6½　字数：158千字
2014年9月第一版　2014年9月第一次印刷
ISBN 978-7-112-17220-7
（25980）

版权所有　翻印必究
如有印装质量问题，可寄本社退换
（邮政编码100037）

免责声明

本报告使用的称谓和对材料的表达方式不代表联合国秘书处对任何国家、地区、城市、区域或其政权的合法地位的观点，也不代表对其国境或边界划分的认定。

本报告涉及的公司名称、商业产品和程序不代表它们受到联合国的认可，未经提及的公司、商业产品和程序不代表反对。

在指明来源的情况下，对本文的摘录和复制无须经过授权。

丛书编译工作委员会名单

何兴华　住房城乡建设部计划财务外事司
李礼平　住房城乡建设部计划财务外事司
吴志强　同济大学
赵　辰　南京大学建筑与城市规划学院
董　卫　东南大学建筑学院
刘　健　清华大学建筑学院
王莉慧　中国建筑工业出版社

本书翻译人员名单

全书校核：鲁安东
译　　者：鲁安东
前期参与人员：王洁琼　胡绮玼　张文婷
　　　　　　　陆　恬　雷冬雪

致谢
ACKNOWLEDGEMENTS

主要作者：	Michael Majale, Graham Tipple 和 Matthew French
团队负责人：	Claudio Acioly Jr.
供稿人：	Claudio Acioly Jr., Clarissa Augustinus, Camalynne Botes, Mohamed El Sioufi, Asa Jonsson, Christophe Lalande, Lalith Lankatilleke, Jan Meeuwissen, Toshiyasu Noda, Channe Oguzhan, KoenSteemers 及剑桥大学（The University of Cambridge）, Nigel Browne 及住房与城市发展研究所（the Institute for Housing and Urban Development Studies）（IHS），以及联合国人居署（UN-HABITAT）亚洲和太平洋地区办事处。
项目助理：	Helen Musoke
英文编辑：	Roman Rollnik和Matthew French
版面设计：	Gideon Mureithi/联合国内罗毕办事处（UNON）
印刷：	内罗毕（Nairobi），联合国内罗毕办事处（UNON），出版服务部，ISO 14001：2004-认证

《适足住房丛书》
ADEQUATE HOUSING SERIES

在大多数国家中，获取低成本土地和住房是当前的一个严峻挑战。虽然不同的国家和地区面临的挑战各有差别，但一个普遍存在的事实是对大多数城市居民来说，获得并持有适足且低成本的土地和住房正变得越来越困难。

《适足住房丛书》的前四册记述了在四个面临着严峻的低成本问题的地区中的低成本土地和住房现状：拉丁美洲和加勒比地区、亚洲、非洲、欧洲和北美［联合国欧洲经济委员会（United Nations Economic Commission for Europe）成员国］。

每一册均首先探讨了住房条件、住房可得性、住房质量和住房保有权形式的主要发展趋势。随后，每册针对日益严峻的低成本性问题和不合标准的住房条件改善问题，分析了相应的住房政策。最后，为地方、国家和国际的政策措施提供了一些能够增加相应地区低成本住房供给的关键性建议。

这一旗舰丛书由联合国人居署（UNHABITAT）住房政策部（Housing Policy Section）策划和制作，迄今已出版如下几册：

- 第一册： 拉丁美洲和加勒比地区
- 第二册： 亚洲
- 第三册： 非洲
- 第四册： 欧洲和北美

前言
FOREWORD

《适足住房丛书》的前四册回应了在世界范围对土地和住房状态进行评估的迫切需要。虽然针对住房需求、项目和规划个案已有大量的研究、科研项目和报告，但当代还没有一个研究能够在区域的或者全球的尺度上来比较居住条件、政策和方法。

本丛书填补了这一空缺。这四册关注了四个地区的土地和住房状况，这些地区都面临着巨大的挑战和低成本性问题，它们是：拉丁美洲和加勒比地区、亚洲、非洲、欧洲和北美。它们针对每个地区在土地和住房供给的历史发展过程、当代主流趋势以及最好的案例，提供了一些可供比较的记录资料。

虽然在这些地区之间，实际上是在国家之间，住房产业的规模和整体特征有着明显的差别，但它们共同面对的一个事实是，如何让大多数人口获得并持有适足且低成本的住房是一个严峻的问题。

不幸的是，住房的低成本性依然是一个挑战并且状况日益恶化，其部分原因是全球金融危机带来的经济影响以及日益严重的灾难和冲突，它们都为已经紧张的土地和住房资源带来额外的压力。因此，本丛书以及书中信息和建议的提出都相当及时。

这些地区性研究的成果代表了在全球住房问题状况调查工作上的显著进步。对获得住房问题在地方、国家和地区层面的详细考察、比较和批判性反思，是制订政策以增加低成本住房获得机会并成规模地解决问题的首要和重要的一步。这将有助于阻止基于非正规土地开发和非正规住房供应的城市扩张。这四册呈现了重要的研究、记录和批判性观点，我相信它们对从事住房产业的人来说是非常有价值的。

琼·克罗斯博士

联合国副秘书长
联合国人类住区规划署执行主任

目录
TABLE OF CONTENTS

概要 EXECUTIVE SUMMARY	x
关键信息 KEY MESSAGES	xi
缩略词 ACRONYMS	xiv
图片目录 LIST OF FIGURES	xv
表格目录 LIST OF TABLES	xvii
专栏目录 LIST OF BOXES	xvii

第一部分　引言——地区背景下的低成本住房　　　1
INTRODUCTION—AFFORDABLE HOUSING IN THE REGIONAL CONTEXT

   1.1　亚洲：城市的挑战与城市的机遇　　　3
       ASIA: URBAN CHALLENGES AND URBAN OPPORTUNITIES

   1.2　20世纪50年代以来的住房政策和实践趋势的历史概述　　　5
       A BRIEF HISTORICAL SNAPSHOT OF HOUSING POLICY AND PRACTICE TRENDS SINCE THE 1950s

   1.3　住房的低成本性：它的组成和度量　　　10
       HOUSING AFFORDABILITY: ITS COMPONENTS AND MEASURES

   1.4　本册的结构和内容　　　11
       STRUCTURE AND CONTENT OF THE VOLUME

第二部分　低成本土地和住房现状　　　17
THE STATE OF AFFORDABLE LAND AND HOUSING

   2.1　国家尺度上的住房需求　　　18
       HOUSING NEEDS AT THE NATIONAL SCALE

2.2	现有住房的质量分析以及住房匮乏状况 QUALIIY ANALYSIS OF EXISTING HOUSING STOCK AND SHELTER DEPRIVATIONS	20
	2.2.1 住房耐久性 Housing durability	21
	2.2.2 足够的居住面积 Sufficient living area	21
	2.2.3 获得改善的水供应 Access to improved water supply	22
	2.2.4 获得改善的卫生条件 Access to improved sanitation	22
	2.2.5 保有权保障 Security of tenure	22
	2.2.6 多种住房匮乏类型 Multiple shelter deprivations	22
2.3	低成本性 AFFORDABILITY	23
2.4	主导建筑类型 DOMINANT BUILDING TYPES	25
2.5	土地保有权形式 TENURE MODALITIES	27

第三部分	**应对挑战：低成本土地和住房供给的趋势和模式** APPRESSING THE CHALLENGE: AFFORDABLE LAND AND HOUSING DELIVERY TRENDS AND PATTERNS	**31**
3.1	土地 LAND	32
	3.1.1 土地政策和法律框架 Land policy and legislative frameworks	32

亚洲的低成本土地和住房

3.1.2 居住用地供应和低成本土地的可得性 … 33
Provision of land for housing and availability of affordable land

3.1.3 居住用地的获得和管理 … 34
Access to, and servicing of, land for housing

3.1.4 已配套基础设施/未配套基础设施的住房开发场地 … 35
Serviced/unserviced housing development sites

3.2 住房 … 36
HOUSING

3.2.1 住房政策和法律框架 … 36
Housing policy and legislative frameworks

3.2.2 当前的低成本住房项目和实现途径 … 37
Current affordable housing programmes and approaches

3.2.3 对当前的大规模住房计划和政策的扩展案例研究 … 40
Extended case studies of current large-scale housing programmes and policies

3.2.4 住房计划受益者 … 45
Housing beneficiaries

3.2.5 合作住房，社区贫民区改造和"民间途径" … 47
Co-operative housing, community slum upgrading and the 'people's process'

3.2.6 政府建造住房的转变 … 48
Transformations of government-built houses

3.2.7 非政府组织的贡献 … 50
The contribution of NGOs

3.2.8 建筑材料、建筑产业和建筑法规 … 50
Building materials, the construction industry, and building regulations

3.2.9 公共住房的私有化 … 52
Privatisation of public housing

3.2.10 公私合作制（PPP） … 53
Public Private Partnerships

3.2.11 融资机制 … 53
Financing mechanisms

第四部分　值得注意的趋势、建议和结论　　　　　　　　　63
　　　　　　NOTABLE TRENDS, RECOMMEND-ATIONS AND CONCLUSIONS

　4.1　值得注意的趋势　　　　　　　　　　　　　　　64
　　　　NOTABLE TRENDS

　4.2　关于如何促进更加有效地提供低成本土地和住房的建议　　68
　　　　RECOMMENDATIONS ON HOW TO FACILITATE MORE EFFECTIVE AFFORDABLE LAND AND HOUSING DELIVERY

　4.3　总结　　　　　　　　　　　　　　　　　　　72
　　　　CONCLUSION

第五部分　参考文献　　　　　　　　　　　　　　　　77
　　　　　REFERENCES

概要
EXECUTIVE SUMMARY

对大多数国家尤其是那些处于转型期的发展中国家来说,大规模地提供低成本住房依然是一个挑战。今天,超过10亿人口居住在贫民区里。而在未来25年之后,将有超过20亿人加入到对住房和基础设施的需求中来。这一状况在发展中国家尤为严重,因为那些国家的中央、区域和地方政府经常缺乏足够的资源来充分地应对这一挑战。

在亚洲城市中住房问题尤为明显。虽然亚洲国家仍然以农业为主导,但它却是全球城市化率最快的地区。根据预测在2010年和2050年期间亚洲的城市人口将几乎翻一番达到34亿。每一天亚洲城市都需要接纳12万新居民,这相当于每天至少需要新增2万套住房。

这个报告综观了亚洲在低成本住房供应方面所取得的进展。它提供的主要信息是,低成本住房在亚洲仍然是一个严峻和重大的挑战,特别是对低收入家庭而言。由于缺乏低成本的和位置适宜的住房选择,将近1/3的亚洲家庭居住在贫民区和非正规居住区中。这些情况的存在和扩大确切地说明了住房产业运作不良,它无法提供多样的低成本住房选择,尤其是对中低收入家庭而言。

在亚洲各国,住房计划、政策和机构配置在过去六十年中有了显著变化。例如,有的国家由政府直接供应"社会住宅",有的国家为私人部门主导的开发提供土地,而有的国家则寻求整治现有的非正规居住区。虽然在大多数亚洲国家中,住房项目的实施规模不足以应对数量巨大且日益增长的住房需求。

这份报告强调,难以获得低成本土地是增加亚洲低成本住房供应的主要障碍。经济增长推高了土地价格,尤其是位置较好的城区和中心区的土地价格。在绝大多数亚洲城市中,中低收入居民由于土地价格过高而无力进入土地市场。缺少面向家庭的灵活的住房信贷同样严重制约了低成本住房的供应和有效需求。总体而言,正规的住房信贷机制对于中低收入家庭来说是无法获得和无法负担的。在可以提供信贷支持的国家里,首付要求和利率都很高而贷款期限短,这些都限制了获得正规住房信贷的能力。

虽然存在巨大的挑战,这份报告也研究了亚洲国家增加低成本土地和住房供应的方法。通过一系列政策干预,一些亚洲国家(例如新加坡)已成功地使绝大部分居民享有适足的住房。同样,虽然贫民区居民的绝对数量有所增加,但在过去20年中,居住在条件落后的贫民区中的亚洲城市人口比重却有所下降。此外,一些亚洲国家在创新的贫民区整治提升项目、社区储蓄和信贷机制等方面走在了前列,增加了低收入家庭的住房可得性和住房质量。许多亚洲国家证实,通过强力的政治意愿和改进管理机构的能力可以提供低成本住房,例如印度和中国采取的有力的国家计划显示了它们正在大规模提供低成本住房。

关键信息
KEY MESSAGES

亚洲仍然以农业为主导，但它却是全球城市化率最快的地区。未来十年中，每天亚洲城市都需要接纳12万新居民，这将给低成本土地和住房供应造成额外的负担。	1950年亚洲的城市人口是2.29亿，与世界其他地区大致相当。然而在六十年后这一数值增长了七倍，至2010年已超过17亿。亚洲的城市一直是增长和扩张的核心。在1950-2000年间，全球增长最快的十个城市中有八个在亚洲：东京、孟买、德里、达卡、雅加达、卡拉奇、首尔和加尔各答。目前全球一半的城市人口正居住在亚洲城市中。 在未来的几十年中，这些城市化趋势注定会继续。在2010年至2050年间，亚洲的城市人口预计将翻倍至34亿人。亚洲城市增长的速度和规模与世界所有其他地区截然不同，而如此彻底的变化将继续给该地区的土地和住房的低成本性造成压力。
将近1/3的亚洲家庭居住在贫民区和非正规居住区中，这在很大程度上是由于缺乏低成本的和位置适宜的住房选择。	亚洲居住着世界超过半数的贫民区居民。就居住于贫民区的城市人口比例而言，亚洲仅次于撒哈拉以南的非洲区域。居住在贫民区的城市人口比例以南亚最大（35.0%），西亚最低（24.6%），东亚（28.2%）和东南亚（31.0%）居中。同样地，贫民区居民的比例在一些亚洲国家是相当大的，例如孟加拉（70.8%）和蒙古（57.9%）。
在亚洲，低成本住房是一个严峻而巨大的挑战，特别是对低收入家庭而言。	城市的持续增长和扩张已经给土地和住房供应造成了极大负担。贫民区和非正规居住区的存在和扩大确切地说明了住房产业运作不良，它无法提供多样的低成本住房选择，尤其是对低收入和中等收入家庭而言。尽管在过去的三十年中亚洲经历了强劲的经济增长，这一增长的利益并没有得到公平的分配。经济增长已导致了住房主要投入成本的增长，特别是土地和建筑材料，这使得正规的、由市场供应的住房对于亚洲大多数人而言过于昂贵而无法负担。
未来的几十年里，南亚将面临很大的住房问题。	在未来的几十年里，南亚将面临最快速和最持久的增长，其城市人口预计将增长两倍多，从2010年的6亿增长到2050年的14亿。其增长将来自于持续的人口自然增长以及农村向城市的人口迁徙。尤其令人担忧的是南亚居高不下的在亚洲最高的城市贫困程度，这将对家庭获得、持有和维护适足住房的能力造成额外压力。在南亚，增加住房的供应和低成本性因此成为一个迫切问题。它需要积极主动的制度和法律框架来支持大规模的住房供给，它反过来可以降低大规模城市化可能带来的非正规、未规划的住房的影响。

续表

获得低成本土地是增加低成本住房供应的主要障碍。	维持土地供应在低成本的价格之内是扩大低成本住房供应和限制新贫民区增长的基础。无论如何，土地仍然是对增加亚洲低成本住房供应的主要限制条件。经济增长正在推高土地价格，尤其是位置较好的城区和中心区的土地价格。在许多亚洲城市中土地主要是私人所有，由于低成本住房的利润通常低于高收入住房，因此在此类土地上建造低成本住房变得十分困难。 在绝大多数亚洲城市，中低收入家庭因此被过高的价格排斥在土地市场之外，同时也很难获得位置适宜的土地。低收入家庭在未使用的公共或私人土地上临时居住的机会越来越少，而在这些场合驱逐很普遍，因为私人土地所有者追求通过高密度开发来使利润最大化。然而在一些土地公有的国家例如中国和印度的一些城市，政府通过各种政策机制更成功地将其土地用于低成本住房。
缺乏针对家庭的灵活房屋信贷严重制约了低成本住房的供给和有效需求。	房屋信贷的短缺同土地一样是在亚洲获得适足且低成本的住房的主要限制因素之一。一般情况下，正规的住房信贷机制对于低收入家庭以及许多中等收入家庭来说是难以获得和难以负担的。在那些可以获得信贷的国家里，首付要求和利率高、贷款时间短，这些都限制了获得正规住房信贷的能力。 然而，创新的小额住房信贷和社区基金对于很多人特别是妇女而言改善了资金渠道。这些"自下而上"方法的增多证明了大量城市贫困人口改善其信贷可靠性和住房条件的能力和决心。亚洲各国政府在支持和推广这些途径方面大有可为，以驾驭这些社区性组织的潜在力量并将其用于住房改善和供应。
过去的四十年间，亚洲许多地区的低成本住房的供应和质量均有提高。	虽然存在相当大的挑战，亚洲还是证明了自己应对低成本土地和住房供应的能力。一些亚洲国家（或地区），例如新加坡和中国香港，已通过一系列政策干预或多或少地实现了全面普及适足住房的目标。同样，尽管贫民区居民的绝对数量有所上升，在过去的二十年里，生活在住房条件落后的贫民区里的亚洲城市人口比例已在减少。近年来，通过政府多方面和针对性的努力，一些国家已为数百万人改善了生活条件和住房支付能力，例如在中国数百万人已成为了住房拥有者，人均建筑面积增加，一系列在全国提高住房支付能力、扩大住房可得性的计划被实施。

续表

几个亚洲国家走在了创新的贫民区改善计划的前列。	在许多方面,亚洲国家在贫民区改造上引领着世界。像印度尼西亚的"万隆改善计划"(Kampung Improvement Programme)和泰国的"安心住房计划"(Baan Mankong)这样的项目证明,通过各种利益相关者的参与,可以在环境、社会和经济各方面改善贫民区和非正规居住区。在许多亚洲国家,贫民区居民在这些计划中扮演了主要角色,他们已证明了在表达自己的居住需求和优先考虑方面、在深化改造计划和方案方面、在管理和执行改造工作方面的能力。这样的贫民区改造项目凸显了从个人一次性的项目发展到可以解决大规模贫民区改造的国家计划的重要性。
许多亚洲国家证明,通过强力的政治意愿和改进管理机构的能力可以提供低成本住房,例如印度和中国采取的有力的国家计划显示了它们正在大规模提供低成本住房。	有一些证据表明在亚洲低成本住房是可行的。按照《联合国人居议程》(Habitat Agenda)的建议,亚洲多国政府正在采纳和实施相关政策和策略,用于使住房更加宜居、经济和易得。如果政府积极主动地实施支持性的政策和策略,相信全民获得适足且低成本的住房是可以实现的。然而这样做首先需要强势的、始终如一的政治意愿。中国和印度这样的新兴经济体在为中低等收入家庭提供低成本住房方面更为成功。它们在市政府层面上实施的国家住房计划,通过降低住房成本和改善住房信贷的可得性,改善了相当数量家庭的住房产权和租赁住房的支付能力。如果没有这些计划,对于这些家庭而言适足住房将是无法负担的。

缩略词
ACRONYMS

BSUP	（印度）城市贫困人口基础服务
CIS	独立国家联合体
CBO	社区组织
CLIFF	社区主导基础设施信贷工具
CMP	（菲律宾）社区抵押贷款计划
CPF	（新加坡）中央公积金
CRH	（中国）廉租房计划
DDA	德里发展局
ECE	东欧与中欧
ECH	（中国）经济适用房计划
EU	欧盟
EWS	经济弱势群体
GSS	全球住房战略
HPF	（中国）住房公积金
HUDCO	（印度）住房和都市开发公司
IBBL	孟加拉伊斯兰银行
IDP	国内/国际流离失所者
IHSDP	（印度）住房和贫民区一体化发展计划
ILO	国际劳工组织
INR	印度卢比
JNNURM	贾瓦哈拉尔·尼赫鲁国家城市更新计划
KIP	村庄改进计划
LAC	拉丁美洲和加勒比海地区
LGU	当地政府单位
NHA	国家住屋署
SDI	贫民区居住者国际联盟
SEE	东南欧
SPARC	促进地区资源中心协会
SSNS	尼曼社区开发公司
TOKI	（土耳其）国家住房建设管理局
UAE	阿拉伯联合酋长国
UK	大不列颠及北爱尔兰联合王国
UN	联合国
UNECE	联合国欧洲经济委员会
UN-HABITAT	联合国人居署
USA	美利坚合众国
USD	美元

图片目录
LIST OF FIGURES

图1：	巴基斯坦赫韦利（Haveli）一名妇女在自己家中做饭	1
图2：	亚洲包括了西起土耳其东达日本北至蒙古南到印度尼西亚范围内的国家	2
图3：	1950-2010年各地区总城市人口增长和2010-2050年预计增长。亚洲总城市人口的增长较为显著，尤其是相对其他地区而言	3
图4：	新加坡：成功地大规模提供可负担住房的国际领先者	4
图5：	亚洲各地区1950-2010年的城市化趋势和对2010-2050年的预测	5
图6：	亚洲各地区1950-2010年的总人口增长和对2010-2050年的预测	7
图7：	马来西亚槟城（Penang）的高层多家庭住房与低层木屋形成了鲜明对比	8
图8：	住房低成本性的基本组成	11
图9：	南亚贫民区住宅	13
图10：	阿富汗增长式住宅建设	17
图11：	印度尼西亚班达亚齐（Banda Ache）住房重建	18
图12：	2007年亚洲国家的城市人口和贫民区人口比例	20
图13：	尼泊尔，密集的低层非正规贫民区住房	23
图14：	部分亚洲首都城市的房价收入比与租金收入比	24
图15：	部分亚洲城市的房价收入比与租金收入比的比较	25
图16：	正规部门和非正规部门的不同开发次序	26
图17：	在阿富汗80%的人口无力购买即使是最便宜的新低成本住房	26
图18：	部分城市的居住类型	27
图19：	孟加拉国博格拉（Bogra）的住房和城市发展	28
图20：	在整个亚洲，传统的劳动密集型的建筑材料生产技术仍被广泛地使用，比如这个尼泊尔北部某村庄的例子	29
图21：	越南沙巴（Sapa）的住房建造活动	31

亚洲的低成本土地和住房

续表

图22：	土地权利的连续统一体	32
图23：	在越南河内（Hanoi），对公共住房的非正规加建	35
图24：	中国香港的高层住宅景观	44
图25：	斯里兰卡科伦坡（Colombo）增长式住房的建设与改造	46
图26：	在印度基础设施改善是贫民区改造项目的一部分	47
图27：	在柬埔寨博雷凯伊拉（Borei Keila）3号共享地块上的女人们	48
图28：	主导了众多住房开发项目的"控制范式"，和在亚洲广泛使用的以人为开发核心的"支持范式"，即"民间途径"	49
图29：	在尼泊尔，人们在敷设水管	49
图30：	在印度尼西亚，一家人正在享受他们新建的标准住房	51
图31：	在亚洲各地，许多非正规的建筑材料提供商为增长式自建住房提供了必要的建造投入	51
图32：	承重的砌块结构在中亚和西亚大部分国家很常见，并能较好地适应气候与当地可得的资源	53
图33：	各地区发展中国家汇款资金流入与流出情况，2007（流入）和2006（流出）	59
图34：	马来西亚槟城（Penang）乔治镇（Georgetown）中心区传统的"店宅"	63
图35：	在印度尼西亚梭罗市（Solo），妇女正在为整修房屋准备屋面材料	68
图36：	尼泊尔新住房	70
图37：	就像印度大多数城市一样，德里（Delhi）市中心的住宅是密集的，经常过度拥挤，而且混合着小型的商业企业	73
图38：	在中国南宁，挂在多层楼房窗外的洗涤物	75
图39：	在日本东京（Tokyo）市中心的多层沿河住宅	77
图40：	在越南胡志明市（Ho Chi Minh）住房的狭窄、垂直的形态，和屋顶的加建	84

表格目录
LIST OF TABLES

表1：	2010年地区城市人口和贫民区人口的估算	4
表2：	住房低成本性的度量	12
表3：	作为贫民区衡量指标的五种住房匮乏状况	19
表4：	2003年亚洲城市人口住房条件	21
表5：	2001年发展中地区存在不同住房匮乏状况的贫民区家庭比例	22
表6：	亚洲的五个主要小额贷款机构	55
表7：	亚洲13个国家的社区储蓄团体	56
表8：	《减贫战略文件》列出的新土地和住房交付计划	67

专栏目录
LIST OF BOXES

专栏1：	菲律宾：1992年城市发展与住房法案	33
专栏2：	为了亚洲穷困和弱势家庭的利益，改善土地可得性和土地管理效率	36
专栏3：	斯里兰卡的低成本住房供给	39
专栏4：	土耳其国家住房建设管理局（TOKI）	40
专栏5：	泰国：低成本住房举措中的社区参与	50
专栏6：	住房设计与规划对满足规范和降低造价很重要：来自巴基斯坦的经验	52
专栏7：	为促进地区资源中心（SPARC），尼曼社区开发公司（SSNS）与社区主导基础设施信贷工具（CLIFF）：印度的融资与社区引导型住房开发项目	57
专栏8：	菲律宾：社区抵押贷款计划（CMP）	57
专栏9：	孟加拉乡村银行（Grameen）	58
专栏10：	《人类住区信贷体系》丛书	59

"亚洲快速和持续的城市扩张和人口增长加大了对位置适宜、适足且低成本的住房的需求。这一挑战的规模是巨大的：亚洲的城市每天新增12万居民，这需要每天建设超过2万套新住房。"[3]

1

第一部分

引言——地区背景下的低成本住房

图1：巴基斯坦赫韦利（Haveli）一名妇女在自己家中做饭。
（照片版权：联合国人居署）

亚洲的低成本土地和住房

1 引言——地区背景下的低成本住房
INTRODUCTION—AFFORDABLE HOUSING IN THE REGIONAL CONTEXT

获得适足且低成本的住房是大多数亚洲国家正面临着的日益严峻的问题。一种情况是并非房价太高而是收入太低。另一种情况是虽然收入相对较高但是住房供给和资金相对紧缺导致房价很高。大多数的亚洲家庭都被迫居住在条件紧缺的住房中——主要是贫民区或其他非正规居住区，这是因为缺乏供应他们能负担的更高质量的住房。事实上，通常穷人家庭在住房上的支出占他们收入比过高。以至于为了满足住房需求，他们不得不削减在饮食、教育、健康等一些基本需求上的开支。

亚洲快速和持续的城市扩张和人口增长加大了对位置适宜、适足且低成本的住房的需求。当一些西欧、东欧城市的人口在实际减少的时候，却没有一个亚洲城市人口减少。"亚洲的城市化进程每年带来4400万人的城市人口增长"，这相当于每天12万人加入到城市人口的行列。[1]

这种增长需要每天建设超过2万套新住房。[2]

亚洲同样有别于非洲和拉丁美洲，因为已有一些国家及地区作为表率成功解决了自己的住房问题。例如，新加坡和中国香港通过一系列政策干预已成功地使绝大部分居民享有适足的住房。历史上，它们同邻国马来西亚、印度尼西亚、菲律宾的今天一样，也面临着严重的贫民区问题和住房低成本性问题。

鉴于日益严峻的住房低成本性问题，本书调查了亚洲国家中低成本土地和住房的情况。本书首先介绍了亚洲，然后简略回顾了形成现有住房政策和理论的住房历史发展趋势和模式。按照这个思路，本书通过对住房的需求、质量、保有权形式和低成本性等方面的概述，探索了低成本土地和住房的现状。接着，本书探索了影响住房低成本性的主要因素，例如土地供给、住房财政支出、政府住房供应计划、贫民区升级计划等。最后，本书总结了一些教训，并为如何满足亚洲需求大规模提供低成本土地和住房提出了一些建议。

图2：亚洲包括了西起土耳其东达日本北至蒙古南到印度尼西亚范围内的国家。
Figure2: Asia Comprises Countries from Turkey across to Japan, from Mongolia down to Indonesia

地区城市化趋势
Regional urbanisation trends

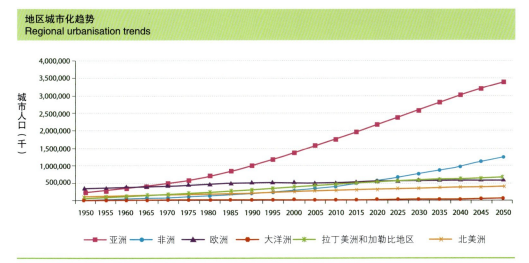

1950–2010年各地区总城市人口增长和2010–2050年预计增长。亚洲总城市人口的增长较为显著，尤其是相对其他地区而言。

（资料来源：联合国经济社会事务部（UNDESA）2009）

Figure 3: Growth in total urban population by region between 1950—2010, and projections for 2010—2050. The growth in Asia's total urban population is considerable especially relative to other regions.

（Source: UNDESA, 2009）

1.1 亚洲：城市的挑战与城市的机遇

ASIA: URBAN CHALLENGES AND URBAN OPPORTUNITIES

城市化为亚洲城市中的住房低成本性带来了显著的压力。亚洲的城市人口占世界总城市人口的50.3%，相当于超过17亿人。[4]在1950年，亚洲城市的人口为2.29亿，这与其他地区大致相当（图3）。在短短60年的时间里，亚洲的城市人口增长了15亿。在1950年到2000年期间，全球扩张最快的十个城市中有八个在亚洲［**东京（Tokyo）**、**孟买（Mumbai）**、**德里（Delhi）**、**达卡（Dhaka）**、**雅加达（Jakarta）**、**卡拉奇（Karachi）**、**首尔（Seoul）**、**加尔各答（Kolkata）**］。[5]同西欧国家的城市化相比，亚洲的城市化进程要快得多。伦敦（London）从100万人口扩张到800万人口用了130年，而**曼谷（Bangkok）**、达卡、首尔分别只用了45、37、25年。[6]

虽然国家之间也有所差异，但整个亚洲都统一在迈向城市化的趋势下。仅仅在中国，城市人口在1990年至2007年间就增长了超过2.46亿。这种增长速度相当于在这十七年间每天新增3.9万城市人口。[7]印度也面临着类似的城市化模式。在相同的时间段，有1.21亿新居民涌入印度城市。[8]然而，这不只发生在人口众多、经济增长的国家，在相同的时间段内，**印度尼西亚**和**菲律宾**的城市人口分别增长了6000万和2600万。这就是摆在绝大多数亚洲城市面前的巨大的城市增长。

亚洲城市的城市增长和扩张为土地和住房带来了很大的压力。除了**新加坡**和**中国香港**，其他所有国家和地区的低成本住房建设量都不能与城市增长相匹配。由于城市居民无权选择既低成本又位置适宜的住房，结果导致亚洲城市中贫民区和非正规居住区大范围激增。

亚洲的贫民区居民占整个发展中世界的一半以上。[9]与非洲、大洋洲、拉丁美洲和加勒比地区相比，亚洲的贫民区居民人口的比例也是最大的。在亚洲，61%的人口居

亚洲的低成本土地和住房

图4：新加坡：成功地大规模提供可负担住房的国际领先者。
照片版权：联合国人居署/ Madanmohan Rao
Figure 4: Singapore: a global leader in successfully addressing affordable housing at a large scale.
Photo © UN—HABITAT/Madanmohan Rao

住在贫民区中①，在北非、大洋洲、拉丁美洲和加勒比地区，这个数据分别是13.3%、24.1%、23.5%。[10]

在孟加拉，有接近3/4（71%）的城市人口居住在贫民区中。与此类似，在**巴基斯坦**有接近一半的城市人口，相当于2700万人口，居住在贫民区中。[11]然而**中国和印度**的贫民区人口数分别超过了1.7亿和1.09亿，数量远远超过亚洲所有其他国家。由于没有低成本的住房作为替代，相当比例的城市居民除了将危险的非正规住房作为居所之外别无选择。

虽然所有亚洲国家共同面临着快速的城市化进程和人口增长的总趋势，但还是存在着显著的地域差异。亚洲的大多数人口居住在东亚和南亚。东亚和南亚的人口数分别占亚洲总人口的40%和33%（表1）。南亚的贫民区居住人口占城市人口比重是最大的（35%），而西亚最小（24.6%）。然而，东亚和南亚的贫民区绝对人口数是相近的，在

表1：2010年地区城市人口和贫民区人口的估算
Table 1: Regional urban population and slum population estimates in 2010

	城市人口（千人）	城市棚户区人口（千人）	居住在棚户区中的城市人口比例
东亚	671,795	189,621	28.2
南亚	545,765	190,748	35.0
东南亚	286,578	88,912	31.0
西亚	145,164	35,713	24.6

资料来源：联合国人口司，《世界城市化前景：2007年修订本》。
Source: United Nations Population Division, World Urbanization Prospects: The 2007 Revision.

---

① 根据参考文献，联合国人居署2010年的统计数据，亚洲城市人口总数为16.3065亿，城市贫民区人口总数为4.9883亿，故在亚洲有39%的人口居住在贫民区中，原文数据有误。——译者注

图5：亚洲各地区1950-2050年的城市化趋势
Figure 5: Urbanisation trends in Asian regions 1950—2050年

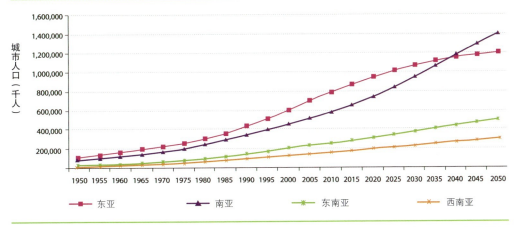

亚洲各地区1950-2010年的城市化趋势和对2010-2050年的预测。
（资料来源：联合国经济社会事务部（UNDESA）2009）
Urbanisation trends in Asian regions 1950—2010, and projections for 2010—2050.
（Source: UNDESA, 2009）

2010年都大约是1.9亿。

在未来几十年中，南亚将面临最快、最持续的人口增长（图5）。在未来短短四十年中，它的城市人口至少翻一番，从2010年少于6亿到2050年超过14亿。类似的，与亚洲其他地区相比，它将迎来最快的人口增长（图6）。东亚的城市人口增长率将会减慢，东南亚和西亚将会迎来持续的城市增长，但与东亚和南亚相比，速度会慢得多。

在未来几十年中，绝大多数亚洲国家仍会面临较高的城市化率和人口增长率。例如，中国的城市化率将在2030年前达到65%。[12] 这种大规模的快速的变化将持续为亚洲城市带来巨大的压力，这也为确保大规模提供低成本住房带来挑战。虽然亚太地区正带头减少全球贫困并且正在经历强劲的经济增长，然而经济增长并没有平等地惠及这一地区所有的城市居民。[13]

针对亚洲城市的居住状况，联合国人居署发表的《2010/2011年度亚洲城市状况》报告强调了一个事实——"亚洲贫民区泛滥的主要背后因素是难以得到适宜、安全和低成本的土地。比起拥有土地保有权保障的人数来说，数量大得多的人没有任何形式的土地保有权。穷人们由于资金不足被挤出正规的土地市场，与此同时他们享有未开发的公共土地的机会也越来越少。"[14] 经济增长使土地价格升高，使更多的人被驱逐，这将会破坏家庭的活力和幸福感，并在解决贫民区问题方面收效甚微。

1.2 20世纪50年代以来的住房政策和实践趋势的历史概述
A BRIEF HISTORICAL SNAPSHOT OF HOUSING POLICY AND PRACTICE TRENDS SINCE THE 1950s

虽然亚洲住房领域的历史发展轨迹同其他发展中地区相似，但与非洲、拉丁美洲、东欧和中欧相比，仍然存在或隐或显的差别。

20世纪50年代以来，住房理论和实践都基于由政府直接提供用于出租或出售的公共住房。受现代主义运动思潮影响的高密度多层公寓楼成为代替低收入人群居住的低层贫民区住宅的主导住房模式。这些资本密集型项目主要由政府规划和投资，目的在于为最大数量的人口提供大规模住房并遏制非正规

> 在未来几十年中，南亚将面临最快、最持续的人口增长。在未来短短四十年中，它的城市人口至少翻一番，从2010年少于6亿到2050年超过14亿。

贫民区的增长。

当大规模公共住房措施在大多数发展中国家都被视作失败的时候，新加坡和中国香港提供了一个特例。它们的成功归功于以下几个因素。它们的政权是相对集中的，有着严格的经济管制。稳固的经济发展为大规模住房供应提供了保障。作为城市国家和地区，它们没有大量的乡村腹地，不需要解决将移民从那里迁移到城市中去的问题，所以它们不需要面对城市化带来的持续压力。土地是公有的并且被合理规划，因此不仅可以以租赁的方式提供给住房开发，而且可以被有效地使用。重要的是，它们有强力的住房发展计划，而不仅是小型的一次性的住房项目。正是这些特征让**新加坡和中国香港**成功地满足了住房需求。

然而，在其他亚洲国家，直接提供公共住房的成效有限并且屡遭批判。这些项目大量消耗了公共资源；项目开支空前膨胀而预期的规模效益并未实现；在应对传统的生活需求和生活方式上，基于欧洲模式的建筑和规划方案并不适合；穷人们无法从中获益，因为购买和维持这类住房相对于他们的低收入而言仍然过于昂贵。[15,16]结果是，这些住房供应不足、维护不善、主要被中高收入群体居住，而非正规住房继续扩张。

在20世纪60年代晚期，面对政府直接住房供应的明显失败和对"帮助穷人自助"的益处的认识，"自助式"住房模式出现了。自助模式起源于拉丁美洲地区，因为John F C Turner的理论而广为人知。其理论基于秘鲁利马（Lima）外围的非正规居住区发展而来。[17]该理论提出在非正规居住区和贫民区的自助式住房是住房短缺的解答而不是困难。它论证了住房应该在一个支撑性的法规和制度框架下由穷人自己开发。

然而，在亚洲城市中广泛实行的自助式住房计划仍然有限。在非洲和拉丁美洲，由于土地是公有的，土地入侵和非法占有是被容忍的，而且居民可以陆续增建他们的住房而不必担心被驱逐的威胁。然而在亚洲城市，"由于急速的经济增长及其带来的城市化激发了土地价格的高涨，被驱逐的可能性要大得多"。[18]在亚洲，由于土地不能被广泛获得，或者城市中心区飙升的地价迫使贫民区居民搬迁到经济价值较低的地区，因而自助进程面临着额外的压力。

虽然广泛的自建过程和由下而上的开发已实现，但对于亚洲城市所面临的巨大的住房需求来说，这都不是长久的、大规模的解决方法。亚洲的城市居民由于得不到体制上、法规上和经济上的措施的支持，以至于他们无法通过正规的法规体系实施自助住房计划。[19]同样，这个过程也无法解决土地产权的不平等。由于在许多亚洲城市土地是高度私有化的，自助式住房受到缺乏制度支撑和不平等土地产权的制约。因此，虽然穷人时常能够自己开发建设房屋，但他们的能力受到更广泛的结构设定的制约。

虽然自助式模式在全球住房政策理论中占主导，住房产业的实践却是极其多样的。一些国家（或地区）有着正在扩张的经济和运作相对较好、有不同住房类型的市场，例如**日本、中国香港和新加坡**。也有一些国家继续无视低收入住房以及非正规居住区和贫民区的增殖。还有些国家继续推行直接的、高密度的、政府补贴的住房供应，例如马来西亚。作为马来西亚第三次五年计划的一部分，在1971年到1975年之间，马来西亚动用了1/3的国家财政支出建设了8.6万套住宅。[20]

到20世纪70年代，亚洲各国政府开始注意到住房产业对经济和社会发展的重要性，并且许多国家开始成立政府的住房发展机构。[21]从许多方面来说，这种现象出现在1976年的第一次人居会议之后。这次会议的重点在于通过消除机制上和法规上的障碍，不仅为了支持自助式住房，同时也为不同收入水平的家庭提供多样的住房选择。许多政府仍然追求直接的住房生产，但已有许多政府致力于建立法规框架来支持私人的和自助式的住房生产。从这些变化来看，已有越来越多的人意识到住房对国家经济增长的促进作用。

从20世纪80年代开始，住房的理论和政策使政府的角色发生了转变，从直接提供配套基础设施的土地和住房到支持更大范围的市场参与者进行住房生产。在这一范式中，政府的职能在于通过住房产业改革大规模地鼓励私人投资和有效的住房生产，从而"支持"市场发挥作用。住房短缺、房屋质量低下、贫民区的存在和扩张被认为是由过于繁重的政府参与造成的低效和扭曲的市场带来的失败。因此，政府的职能变成用多样的政策措施来解决市场失灵问题，并且支持私人部门提供住房。

与非洲和东欧等其他地区不同，亚洲国家尤其是东南亚国家采取了鼓励性策略。斯里兰卡的"百万住房计划"（1984-1989）是证明这一范式转换的第一个大规模的政府住房计划。在整个亚洲，一个显著变化是包括广泛利益相关者的公民正规参与度的提升。城市贫民参与到例如规划、预算、服务供应等过程中，并且在房屋的建设和升级过程中扮演着一定角色。菲律宾的那伽（Naga）市的例子证明了地方政府如何通过创建一些机制使居民参与到城市开发议程的设计、实施和评估中去。[22]其实在整个亚洲，不只是普通居民，大量的社区组织（CBO）、非政府组织（NGO）、私人机构和大学等也成为住房产业的合作者。

伴随着全面改革，从20世纪80年代后期开始，中国的住房产业从高度集权型变为市场主导型：从生产和供应经过政府补贴的出租房转向由市场来生产和消费住房，并高度

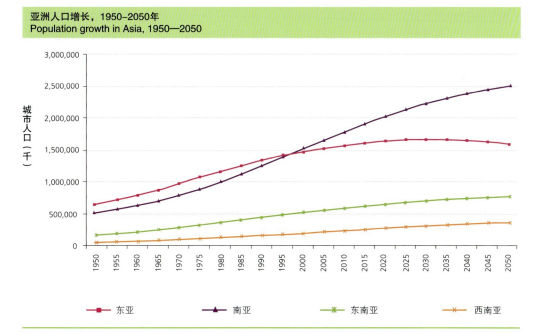

亚洲各地区1950-2010年的总人口增长和对2010-2050年的预测。
（资料来源：联合国经济社会事务部（UNDESA）2009）
Total population growth in Asian regions 1950—2010, and projections for 2010—2050
（Source: UN–DESA, 2009）

亚洲的低成本土地和住房

图7：马来西亚槟城（Penang）的高层多家庭住房与低层木屋形成鲜明对比。
照片版权：联合国人居署/Matthew French
Figure 7: High-rise multi-household housing sists in stark contrast to low-rise wooden dwellings in Penang, Malaysia.
Photo © UN-HABITAT/Mahew French

关注房屋产权。[23, 24]"到2002年，80%的公共住房被卖给了它的居住者"。[25]这一转变得到了一些经济政策的支持，例如模仿新加坡国家住房储蓄基金的住房公积金政策（参见第3.2.3节中对中国当代低收入住房计划的概述）。

认识到自助住房计划的局限性和困难后，贫民区改造成为许多亚洲城市的主要实践。从许多方面来看，东南亚国家在贫民区改造计划中走在了世界前列。例如，在印度尼西亚1969年开始的"万隆改善计划"（KIP）敷设了急需的基础设施并且提升了高速衰退的贫民区地区的城市环境。[26]在第一个十年期间，仅仅花费了人均118美元，它就造福了330万居民，相当于雅加达（Jakarta）70%的贫民区人口。[27]同样的，泰国的"安心住房计划"（Baan Mankong）是另一个对非正规地段改造的成功案例。[28]虽然这些改造计划并没有关注住房建设，但这些措施在效果上给了居民实际的保有权，这反过来促进了住房产业的整合和发展。

在20世纪90年代，尤其是在南亚和东南亚，工业化和出口定向增长刺激了经济的快速发展，这带来了显著的结构效应，特别是对住房的低成本性。虽然1997年的东南亚金融危机减缓了经济增长，冷却了住房市场，但其影响并非结构性的，并且"在过去的十年中，南亚房产价格有了前所未有的增长"。[29]以出口为导向的工业化带来的快速经济增长加强了主要城市增长的作用，反过来加剧了这些城市的住房需求，例如曼谷、马尼拉、吉隆坡。[30]来自国外投资的显著增加与持续的高城市化率共同推高了城市土地和住房的需求和价格。随着这些城市成为经济发展的核心，它们吸引了农村移民和国际资本。[31, 32]

从20世纪90年代以来，亚洲城市的社会经济的结构性变化导致低收入群体被不断地排挤出住房市场。私人部门没有受到充分的激励以生产低收入住宅，因为对于私人部门的住房开发商来说，面向低收入群体的低成本住房缺乏利润，因此没有吸引力。[33]

结果，由于缺少政府的政策和计划，尽管越来越受到缺乏可用土地的限制，非正规住房的建造仍然在进行。虽然在贫民区和非正规居住区中的自建住房通常被看成临时现象，但亚洲城市证明了仅仅依靠经济增长不能保证那些贫民区居民能够或者愿意搬进更好的住房中去。

私有住房的供应主要迎合高收入家庭，这对于私人开发商生产住房来说是有利可图的，这常常导致供给和需求之间的不良失衡。例如，在孟加拉，在高收入水平的住房供应方面实际上明显过剩，但是针对大量中低收入群体的低成本住房却严重不足。[34] 更糟糕的是，这类高收入水平住房的开发和购买"主要是以投资和租赁为目的，而非用来满足基本居住"。当然其结果是孟加拉1/3的住房是在贫民区或没有合法产权的土地上被非正规地建造的。

虽然这种支持的方式支撑了亚洲的主要住房政策，但在实际操作中获得住房开发所需的低成本土地在亚洲城市中一直面临困难。[35] 虽然已经制定出了总体规划和城市发展规划，但它们通常只是停留在政府的办公室中而并没有被实施或执行。一些城市，像曼谷和马尼拉，对土地的开发几乎没有影响力和控制力，因为这些城市土地私人所有程度较高。[36] 在1985年到1990年期间，曼谷的土地价格上升了1500%。[37] 孟加拉是另外一个例子，在那里，虽然建材价格大幅度上升，但这种上升与工资水平的提高相当，然而土地价格飙升是导致孟加拉住房的低成本性很低的核心原因。[38]

在20世纪和21世纪之交，新的参与方式正逐渐变得显著。亚洲有许多低收入的、基于社区的民间社会团体自发组织起来，不仅致力于获得低成本土地和住房，并且致力于解决那些阻碍公平的城市住房与基础设施供应的广泛的结构性问题。一个典型的例子是贫民区居住者国际联盟（SDI），这个组织的活动遍及亚洲、非洲和拉丁美洲。贫民区居住者国际联盟是由各国贫民区居民组织组成的网络，它致力于在获得低成本土地和住房的主要因素方面培养相关能力和分享知识和经验，例如微储蓄、妇女赋权、贫民区清查、土地保有权改革、住房供应和住区升级。

> 虽然在亚洲，住房低成本性的挑战并不是刚产生的，但对绝大多数亚洲城市来说，这是个越来越严重的问题。主要的挑战仍旧是需要政府提供支持性的制度和法规框架，并且增加有配套基础设施的用地的供应以应对持续快速的城市化进程和人口增长。

贫民区和非正规居住区在亚洲城市边缘的激增是日益加重的社会经济分化和中产阶级化压力的外在表现。中高收入家庭越来越多地追求居住在专门的"封闭式小区"中，这是一种在亚洲城市普遍存在的居住类型，它主要由私人开发商投资和主导。华丽的广告将房产描述得既舒适又安全，而且为中高收入购买者提供相应的抵押贷款。然而，这些住房已经超出绝大部分家庭的经济能力，结果造成非正规住房、贫民区、棚户区、简陋的廉租房、合住房、街头露宿等现象在大多数亚洲城市里增殖。

在一些经济相对强劲、住房市场功能健全的亚洲国家，目前的问题并不是住房价格本身，而是如何保障住房信贷。与非洲和拉丁美洲相比，过去几十年亚洲经济的快速发展激发了大量的有效需求，但缺少住房信贷是主要的障碍。通常由于首付过高，很多家庭可以提供抵押贷款，但它们不够首付。

例如，在**印度**住房市场上，低收入住房部分有着巨大的潜力。私人开发商可以建设低成本的住房单元，但由于缺少低收入信贷手段，这些住房单元卖不出去。在印度的城市中，有2300万到2800万的中低收

亚洲的低成本土地和住房

入家庭，他们的收入在5000到11000印度卢比（112～248美元）之间，这满足了住房还款要求。³⁹但是他们得不到贷款买房。由于穷人仍然无法负担这些住房，为有切实需求的群体扩大住房信贷可以潜在地改变住房产业和经济。同样的，在孟加拉，为低收入家庭建设住房对私人开发商来说有利可图，但"由于缺乏对基础设施、土地、住房的基本改善，这种初期的趋势不会持续太久"。⁴⁰对成套住房价格和抵押条件的微小调整将使市场覆盖40%的城市人口。这又一次强调了发展住房信贷机制对帮助低收入家庭获得住房的重要性。

基于以上对历史的简要概述，我们清楚地知道虽然住房低成本性的挑战并不是刚产生的，但对绝大多数亚洲城市来说，这是个越来越严重的问题。在过去的六十年中虽然在理论、政策和实践等方面都发生了显著变化，但是对于提供穷人能负担得起的便宜价格的住房来说，非正规住房一直起主导作用。虽然这种方法在经济上是有益的，但对于提供符合城市和都市区域的可持续有计划发展的经济、舒适和健康的住房而言，这种非正规开发并非合适的方式。

在过去六十年中，主要挑战并没有显著变化。对家庭来说，为获得和持有低成本住房，主要的微观挑战是得到低成本土地和住房信贷。对政府来说，面对持续高速的城市化进程和人口增长，主要的宏观挑战仍然是提供支持性的制度和法规框架，来提升住房的低成本性和增大供应量。

1.3 住房的低成本性：它的组成和度量
HOUSING AFFORDABILITY: ITS COMPONENTS AND MEASURES

低成本住房，广义上是指质量良好、位置适宜、其支出不足以影响住户其他基本生活成本支出或威胁其享有基本人权的房屋。⁴¹

住房低成本性受很多因素的影响。图8列出了家庭的住房低成本性的组成部分。低成本性主要由两个变量决定：资本变量（购房成本）和使用变量（持有住房的相关成本）。

一个家庭的购房能力受购房成本（土地、基础设施、建筑材料、劳动力和利润的成本之和）和支付能力（主要由首付金额和住户的存款余额所决定）的影响。

一旦购买了住房，一个家庭使用和支付房款的能力受物质投入（土地租金与租价、服务费用、建筑维护）和资金投入（贷款偿还期限与利率、家庭收入减去非住房支出）的影响。

因此，住房低成本性涉及的不仅仅是房屋购买价格与住户收入比这样的常用简化概念。图8中列出了住房低成本性组成的多个方面，同时也是这篇地区报告重点关注的内容。例如，在许多亚洲国家，由于不恰当的土地政策导致住房用地不足，使得地价过高，因而住房价格高昂。同样，住房信贷的短缺或不支持性的资金条款（例如，高首付要求、高利率、贷款时间短）也直接限制了住房低成本性，特别是对较低和中等收入群体而言。⁴², ⁴³

低成本性的度量
Measures of affordability

"低成本住宅"的组成因素并没有公认的度量方法，常见的三个都与住房成本和家庭收入两个因素有关（表2）。⁴⁴第一个是房价—收入比。该比率是由中位房价除以家庭收入中位数计算得到的。它显示了购买一套中位价格的房屋所需的年平均工资额。房价收入比特别高的通常是那些有高地价和高建筑成本的国家。⁴⁵第二个指标是房租—收入比。该比率是以年租金中值除以承租人家庭年收入的中值。

虽然没有公认的比率或百分比来界定哪些自住型或租赁型房屋是非低成本的，然而这两种度量方法不仅可用于多国间的比较，也可以在收入和房价上下起伏时长期追踪某一国家的住房低成本性的走势。

第三种低成本性的度量方法是剩余收入评估。它被表示为用于与住房相关的费用在家庭收入中所占的百分比，它显示了在不影

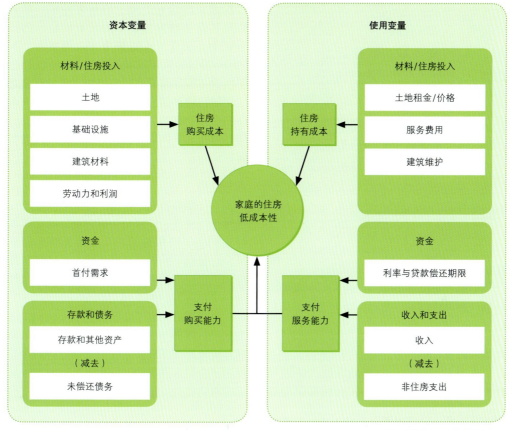

图8：住房低成本性的基本组成
Figure 8: Basic components of bousing affordability

响必要的非住房支出的情况下一个家庭的供房能力。[46]尽管没有公认的百分比值，但当一个家庭支出的住房相关费用——例如按揭供款（业主）、租金（租户）和诸如税收保险物管费之类的直接运行费用等——少于总收入30%时，一般认为此住房为低成本的。[47, 48]

1.4 本册的结构和内容
STRUCTURE AND CONTENT OF THE VOLUME

界定：地区和国家分组

本书全部使用联合国对亚洲国家及地区的界定：

西亚：

亚美尼亚、阿塞拜疆、巴林、塞浦路斯、格鲁吉亚、伊拉克、以色列、约旦、科威特、黎巴嫩、巴勒斯坦被占领土、阿曼、卡塔尔、沙特阿拉伯、阿拉伯叙利亚共和国、土耳其、阿拉伯联合酋长国、也门。

南亚：

阿富汗、孟加拉国、不丹、印度、伊朗伊斯兰共和国、哈萨克斯坦、吉尔吉斯斯坦、马尔代夫、尼泊尔、巴基斯坦、斯里兰卡、塔吉克斯坦、土库曼斯坦、乌兹别克斯坦。

东南亚：

文莱达鲁萨兰国、柬埔寨、印度尼西亚、老挝人民民主共和国、马来西亚、缅甸、菲律宾、新加坡、泰国、东帝汶、越南。

> 低成本住房，广义上是指质量良好、位置适宜、其支出不足以影响住户其他基本生活成本的支出或威胁其享有基本人权的房屋。无论如何，住房的低成本性是多维度的，涉及的不仅仅是住房购买价格—住户收入比这样的常用简化概念。

东亚：
中国、中国香港特别行政区、中国澳门特别行政区、日本、朝鲜民主主义人民共和国、大韩民国、蒙古

数据来源及分析：
本书尽量反映了亚洲地区巨大的差异性，因为这种差异性影响了在住房供应和住房政策的应对类型上的显著差别。此分析评估基于政府报告中的现有信息，例如近期的《联合国人居署全球人居报告》和《2010/2011年度亚洲城市状况》。分析利用了由重要国际组织和研究机构完成的有关此主题的比较评估，以及各国对不同的低成本住房选项的评估。它结合了来自官方发表的信息来源和从国际数据库中获得的统计数据和住房指标。

本书结构

第一部分概述了在地区环境中低成本住房面临的挑战。该部分为研究亚洲的低成本住宅提供了介绍性的、历史的和概念的框架。它强调了地区内主要的城市、经济、社会和历史因素的差异导致了在住房供应和特殊住房问题方面的不同。

第二部分探究了亚洲低成本土地和住房的状况。该部分从国家尺度上住房需求的角度系统地回顾了居住条件的变化趋势，并且使用联合国人居署的"住房匮乏"框架分析了现有住房的质量。其结果显示亚洲的住房

表2：住房低成本性的度量
Table 2: Measuring housing affordability

	房价—收入比	房租—收入比	住房相关支出—收入比
度量	中位房价除以家庭收入中位数。一套住房的中位市场价和年家庭收入中值的比率。	年租金中值除以承租人家庭年收入的中值。收入是指私人和公共承租家庭总量的中等收入中值。	住房相关支出（按揭供款、租金、物管费、税收、保险）的中值除以年家庭收入中值。
需警惕的趋势	较高或者上扬的比率说明没有有效的住房市场或者土地过度短缺，通常由于监管效率低下或者监管限制。	高值说明供给不能跟上需求，且低成本性低。低值通常表明租用受限或公共住房比例高。	高百分比表明住房对满足非住房基本需求的负面影响，且住房市场未能正常运转。
意义	住房低成本性的关键度量。也通常被认为是一个提供最多住房市场信息的指标。	住房低成本性的关键度量。特别针对可能无力购买住房的低收入家庭而言。	它能解释基本的非住房支出，如食物、水、衣物、教育、交通等。也能解释家庭平衡住房和非住房支出的相关决策。

存量在定性和定量两方面都基本不足。在很多城市，居住在贫民区的家庭的比例正以值得警惕的速度增长，他们的住房虽然不充足却是可以负担得起的。

第三部分探讨了住房问题和政策对策之间的重要联系。分析了低成本土地和住房交付系统的发展趋势。讨论了现有的土地政策、法律框架以及有配套基础设施的住房用地的可得性、可达性和低成本性。有数种方法经过尝试用于提供充足的、位置适宜且价格合理的可建设用地，本章介绍了其中的主要几种。本部分还讨论了住房政策和法律框架。并指出了不同国家的住房保有权模式和主要的建筑类型，接着分析了当前的低成本住房存量、建造中的住房单元的类型及数量，以及住房受益者。本部分还描述了公共住房的私有化和公私合营这两种提供低成本住房的值得注意的方法，以及一些已成功使用的创新融资机制。

第四部分首先总结了在过去十年里主要的值得注意的发展趋势，尤其是政府补贴的公共住房项目、在协助下的自助住房、住房信贷和由私人开发商进行的贫民区土地再开发。其次，本章提供了关于如何促使低成本土地和住房交付更加有效的建议。这包括采取"支持"性途径、检验法律和监管框架、制定更现实和灵活的土地使用规划及开发控制、加强保有权保障、推进贫民区的改造及合作住房。最后，通过简短的总结再次对主要主题进行了说明，并引起读者对于未来的地方、国家及全球行动的关注。

图9：南亚贫民窟住宅。
照片版权：联合国人居署
Figure 9: Slum housing in South Asia.
Photo © UN—HABITAT

第一部分尾注
PART ONE ENDNOTES

1. Asian Development Bank (ADB) (2006). Urbanization and Sustainability in Asia: Good approaches in Urban and Region Development. Mandaluyong City, Philippines: ADB and Cities Alliance. p.1

2. Asian Development Bank (ADB) (2006) p.1

3. Asian Development Bank (ADB) (2006) p.1

4. UN-DESA (2009). World Urbanization Prospects: the 2009 Revision. United Nations Population Division.

5. Jack, M. (2006). "Urbanisation, sustainable growth and poverty reduction in Asia". IDS Bulletin, 37(3): 101-114, May 2006.

6. Asian Development Bank (ADB) (2006)

7. UN-DESA (2009)

8. UN-DESA (2009)

9. UN-HABITAT (2010a). The State of Asian Cities 2010/11. Fukuoka, Japan: UN-HABITAT.

10. UN-HABITAT (2009). The State of the World's Cities. Nairobi: UN-HABITAT.

11. UN-DESA (2009)

12. China Science Center of International Eurasian Academy of Sciences (IEAS), China Association of Mayors, and UN-HABITAT (2010) The State of China's Cities 2010/2011: Better City, Better Life. China: Foreign Language Press. p.5

13. China alone is to reach 65 per cent urban by 2030: UN-DESA (2009)

    UN-HABITAT (2010a) p.13

14. UN-HABITAT (2010a) p.14

15. Gilbet, A and J. Gugler. (1992). Cities, Poverty and Development: Urbanisation in the Third World. Oxford: Oxford University Press.

16. Hardoy, J. and D. Satterthwaite. (1984). Third world cities and the environment of poverty. Geoforum, 15(3): 307-333; and Hardoy, J. and D. Satterthwaite. (1989) Squatter citizen: life in the urban Third World. London: Earthscan.

17. Turner, J. F. C. (1976). Housing by People. London: Marion Boyers.

18. Takahashi, K. (2009). "Evolution of housing development paradigms for the urban poor: the post-war Southeast Asian Context". Journal of Asia-Pacific Studies, 13, October, p.73

19. Takahashi (2009) p.73

20. Yeh, S. and A. Laquian. (1979). Housing Asia's millions: problems, policies and prospects for low-cost housing in Southeast Asia. Ottawa: International Development Research Centre.

21. Yeung, Y. M. (1983). A Place to Live: More Effective Low-cost Housing in Asia, Ottawa: International Development Research Center.

22. UN-HABITAT (2006). Enabling shelter strategies: Review of experience from two decades of implementation. Nairobi: UN-HABITAT.

23. Yeung, S. and R. Howes. (2006). "The role of the housing provident fund in financing affordable housing development in China". Habitat International, 30: 343-356.

24. Yanyun Man, J. (Ed) (2011). China's housing reform and outcomes. New Hampshire: Lincoln Institute of Land Policy.

25. Lee, M. (1995). "The community mortgage program: an almost-successful alternative for some urban poor". Habitat International, 19(4): 529-546.

26. Asian Development Bank and Economic Development Institute (1991). The urban poor and basic infrastructure services in Asia and the Pacific. Manila, Philippines: Asian Development Bank. Vol III, p. 635-668.

27. Werlin, H. (1999). "The slum upgrading myth". Urban Studies, 36(9): 1523-2534, p. 1524.

28. Boonyabancha, S. (2005). "Baan Mankong: going to scale with 'slum' and squatter upgrading in Thailand." Environment and Urbanization, 17(21).

29. Nenova, T. (2010). Expanding housing finance to the underserved in South Asia: Market review and forward agenda. Washington: The World Bank. p.16

30. Takahashi, K. (2009) p.67

31. Takahashi, K. (2009) p.67

32. Ooi, G. (2005). Housing in Southeast Asian capital cities. Southeast Asia Background Series, No. 4. Singapore: Institute of Southeast Asian Studies Publications, p.10

33. Yeh and Laquian (1979)

34. Nenova, T. (2010) p.85

35. Acioly, C. Jr. (2008) Housing Strategies in the Asia-Pacific Region: Learning from the Past and Addressing Present and Future Challenges. Second Asia-Pacific Ministerial Conference in Housing and Urban Development (APAMCHUD) 12-14 May 2008, Tehran, Iran.

36. Ooi, G. (2005) p.3

37 Douglass and Zohlin, in Takahashi (2009)

38 Nenova, T. (2010) p.90

39 Nenova, T. (2010) p.162

40 Nenova, T. (2010) p.92

41 The term 'affordable housing' is often used to describe a type of housing for low-income people, which has a variety of other names for instance 'social housing', 'public housing', and 'low-cost housing'. In this publication, however, it does not refer to a type of housing (i.e. low-cost, social or public housing) but rather relates to the financial affordability of housing with respect to occupants' income.

42 World Bank (1993). Housing: Enabling Markets to Work. Washington, D.C.: World Bank.

43 Nenova, T. (2010) p.16

44 You, N. (2007). Making the market work for pro-poor urban housing. 1st Asia-Pacific Housing Forum. Singapore.

45 UNCHS (2001b). The State of the World Cities 2001. Nairobi: UNCHS (Habitat).

46 Yang, Z. and Y. Shen. (2008). "The Affordability of Owner Occupied Housing in Beijing". Journal of Housing and the Built Environment. 23: 317-335.

47 UN-HABITAT (2006a). Enabling Shelter Strategies: Review of Experience from Two Decades of Implementation. Nairobi: UN-HABITAT.

48 Freeman, A., R. Chaplin, & C. Whitehead. (1997). Rental affordability: A review of international literature. Discussion Paper No. 88, Cambridge, UK: Department of Land Economy, University of Cambridge.

> 在许多亚洲国家，住房无论是就数量还是质量而言都严重不足

第二部分

2

第二部分

低成本土地和住房现状

图10：阿富汗增长式住宅建设
（照片版权：联合国人居署）

亚洲的低成本土地和住房

2 低成本土地和住房现状
THE STATE OF AFFORDABLE LAND AND HOUSING

在很多亚洲国家，住房无论是在数量还是质量上都严重不足。住房短缺和不良住房条件的成因很大部分是由于这些地区城市化水平的迅速提高。在人口密度高的城市里住房不足或过分拥挤、水源不安全、卫生条件恶劣，这些都在威胁着千千万万的男人、女人，特别是孩子的健康和福利，而政府无力处理这些问题的后果将影响深远。

2.1 国家尺度上的住房需求
HOUSING NEEDS AT THE NATIONAL SCALE

要得到关于住房存量、需求、紧缺或过剩的最新可靠定量数据是相当困难的。数据通常未经汇整，抑或汇整的数据不可靠且不成系统。不过，一项对亚洲住房情况的粗略分析表明，在不同地区的大多数国家均存在着紧迫的住房短缺问题。例如，仅南亚就短缺3800万套住房，这还不包括那些需要改造的住房。[49]

就绝对短缺（无房屋家庭）和相对短缺（严重失修的住房或临时住房需要全面更换）而言，南亚、中亚各国的住房紧缺问题最为严峻。斯里兰卡的住房短缺曾被预计在2002至2010年间将从40万套扩大至65万套。[50]根据斯里兰卡中央银行的估计，当前的年度成套住房需求量维持在5万至10万套之间。[51]孟加拉当前短缺状况与此相近，大约缺65.9万套住房。

巴基斯坦的住房短缺量一直在以每年27万套的速度稳步增加，[52]该国住房预计缺口总量是750万套，如果考虑到其全国住房总量为2050万套，这个量是巨大的。[53]住房低成本性是个问题，因为如果没有各类金融补贴或者支持，三分之二的人将买不起住房：针对这类家庭的缺口总量有450万套左右。

对印度住房需求的估计有很大出入，尽管一个保守的估计认为，1991年城市住房短缺量为510万套；而到2001年，这个值扩大为710万套。[54]这个短缺数值是由实际短缺（23.5%）、过度拥挤（33.1%）、需要彻底替换的住房（29.0%）和临时住房（14.4%）四部分组成的。[55]虽然此住房紧缺的数据只

图11：印度尼西亚班达亚齐（Banda Ache）住房重建
照片版权：联合国人居署
Figure 11: Housing reconstruction in Banda Ache, Indonesia.
Photo © UN—HABITAT

表3：作为贫民区衡量指标的五种住房匮乏状况
Table 3: Five key shelter deprivations as measures of slums

关键指标	定义
建筑结构质量/房屋耐久性	如果一幢房屋建于无危险的地点，其结构耐久，足以在降雨、高温、严寒、潮湿等极端的气候条件下保护其居住者，则被认为是"耐久的"。
充裕的居住面积	如果同一个房间不超过三个人共用，则认为该住宅为家庭成员提供了充裕的居住面积。
获得改善的水源	如果有足够的水供家庭使用且价格低成本，家庭成员特别是妇女和儿童无需付出巨大努力就能获得，那么则认为该家庭拥有改善的水供应。
获得改善的卫生条件	如果一户人家有人类排泄物处理系统，无论是私有卫生间还是不超过两个家庭共用公厕的形式，那么则认为该家庭拥有"改良的"卫生条件。在城市区域里，拥有良好的卫生条件的定义是：可以直接连接到公共排污管网；可以直接连接到化粪池系统；或者拥有运用合适地方技术的水冲厕所或带通风的改良的坑式厕所。
土地保有权的保障	土地保有权的保障是所有个人和团体受国家有效保护不被强制驱逐的权利。国际法定义强制驱逐为"违背个体、家庭和/或社区的意愿，在不提供适当的法律或其他形式的保护的情况下，永久或临时地将其移离其拥有的房产和/或土地。"[65]

资料来源：联合国人民署，2004b；联合国人民署，2006b。
Source: UN–HABITAT, 2004b; UN–HABITAT, 2006b.

限于城市地区，但全国范围（城市和农村）的住房短缺值恐怕只会更高。根据当前的一些估计，全国住房短缺量高达4000万套。

在东南亚，直到1997年金融危机导致该地区的许多国家经济下滑或停滞不前，大多数国家的正规住房供应的过程与城市发展的过程中产生的需求增长相一致。因此，它们的住房短缺没有亚洲其他地区那么显著，当然它们仍有一定的短缺有待解决。**印度尼西亚**现在每年需要为约73.5万新增城市家庭提供住房。[56] **马来西亚**预计在2006至2010年间将需要大约70.94万套新住房。[57]

像大多数其他东南亚国家一样，**菲律宾**面临严峻的住房紧缺问题。2001至2004年间，菲律宾预计需要住房340万套。[58] 据住房和城市发展委员会（HUDC）估计，在2005至2010年间，全国住房短缺达375万套。最多的需求来自新近组成的家庭（250万套），随后依次是积欠住房（98.4万户）、过度拥挤的住房（38.7万）、非正式定居者（58.8万）、需彻底更换的不达标住房（18.6万）和无住房（8300）。[59] 住房供给无法满足需求，例如在2006年住房和城市发展委员会仅能建造57684套新住房。[60]

2004年12月，印度洋海啸对**印度尼西亚亚齐省、马来西亚、缅甸、印度南部、斯里兰卡、泰国和马尔代夫**的沿海地区造成了重创。这场灾难造成了巨大的破坏和苦难,夺走了超过25万条生命，留下了数百万无家可归、流离失所的人。灾后，大多数幸存者不得不寻找帐篷或共用棚屋营地之类的临时住所。他们最迫切的需求之一仍是国家用低成本的价格提供充足的永久性住房。例如，据估计仅在亚齐省就需要新建9.2万套住房并修复15.1万套受损房屋。[61]

与国际趋势相反，**中国**报告的城市人均住房空间实际上从1990年的$6.7m^2$增加到了1998年的$9.3m^2$。[62] 一份针对中国九座城市的研究表明了一个更值得关注的成就——家庭人均居住空间几乎翻了一番，从1998年的$8.0m^2$到1999年的$15.8m^2$。[63]

2.2 现有住房的质量分析以及住房匮乏状况
QUALITY ANALYSIS OF EXISTING HOUSING STOCK AND SHELTER DEPRIVATIONS

联合国人居署使用了五项家庭层面的可度量指标来定义贫民区，这些指标也被称作"住房匮乏"指标（shelter deprivations）（见表3）。其中四个指标用于衡量贫民区居住条件的物理状况，包括：房屋结构不耐久；缺水；缺乏卫生设施；以及过度拥挤。第五个指标，土地保有权的保障则与法制有关。然而这项指标通常依赖于基于既成事实的（de facto）或基于法律的（de jure）权利，或者干脆就缺乏这些权利，所以相对难以衡量。掌握贫民区居民数量以及他们遭受的最严重的"住房匮乏"类型，有助于为城市人口中最弱最易受侵害的人群设计针对性的干预方法。[64]

随着城市发展速度只增不减，亚洲地区将在2030年成为拥有最多城市人口的一个洲，但是许多城市将充斥着贫穷和不平等，城市发展将在事实上成为贫民区形成的同义词。[66]居住在以条件匮乏却低成本的住房为特征的贫民区的家庭比例，正在许多城市以惊人的速度增长。[67]

值得注意的一点是，诸如拥挤、通风和照明标准等概念被批评为基于外国理念，并且无法适应亚洲各地的文化和气候环境，而且住宅的室内与发达国家相比有着不同的用途。[68]当然，虽然应该承认这些普遍标准有一定局限性，但是它们在宏观层面有利于进行跨国的比较。

虽然数据显示了一个完全负面的图景，但值得注意的是，亚洲很多地方的住房质量已经在提升。与其他发展中地区相比，亚洲在提升其住房质量的绝对值方面已经走在世界前列。尽管在亚洲的一些国家和城市，住房质量并没有大幅度地提升，但是也有许多国家和城市的住房质量确有提升，且面临多重住房匮乏的家庭的比例在下降。例如印度尼西亚的两个城市，比通（Bitung）和雅布拉（Jaya Pura），证明了它们有能力增加住房供应量并提升贫民区和非正规居民点的质量。[69]

图12：2007年亚洲国家的城市人口和贫民区人口比例
Figure 12: Urban population and slum population in Asian countries in 2007

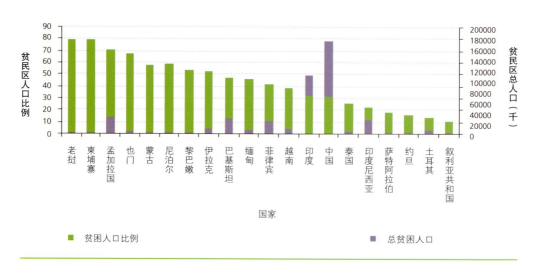

2007年部分亚洲城市生活在贫民区的人口比例和贫民区总人口数。
资料来源：联合国人居署 2006b：23
Percentage of urban population living is slums and total slum population for selected Asian cities, 2007.
Source: UN-HABITAT, 2006b：23

表4：2003年亚洲城市人口住房条件
Table 4: Housing conditions among urban populations in Asia, 2003

	城市人口（千）	拥有下列条件的人口比例:			
		竣工楼面材料	充裕的生活空间	获得改善的饮用水	获得改善的卫生条件
东亚	564,871	98.4	91.5	92.5	69.4
南亚	448,738	84.8	65.0	94.3	67.0
东南亚	228,636	98.6	73.1	91.0	80.0
西亚	124,370	96.4	91.1	95.1	94.9

资料来源：联合国人居署（2006b）。
Source: UN–HABITAT (2006b).

2.2.1 住房耐久性
Housing durability

住房耐久性，即居住建筑物的耐久性，是与居民的住房可得性和低成本性直接相关的。根据联合国人居署的估计，2003年亚洲居住在非永久性住房中的城市人口比例在发展中世界中最高（73%）。这其中有超过50%的人口居住在南亚，还有11%在东南亚。在孟加拉、尼泊尔和巴基斯坦，有三分之一的城市居民缺乏耐久的房屋，而在印度这一数值则是十分之一（相当于约2800万人）。总体来说，亚洲在提升住房耐久性方面似乎并没有像其他发展中地区一样取得很大进步。值得注意的是，**印度尼西亚**的几个二级城市却有了显著提高。[70]

住房耐久性的全球统计数据主要基于单体建筑的耐久性，而不管是否符合建筑法规或地点。大多数国家都只考虑了楼板的材料特性，而几乎没有国家搜集墙体和屋面材料的信息。因此这些因素被普遍低估了。实际上，如果衡量耐久性时将屋面和墙体材料的质量也包括进去的话，那么很多国家现存的耐久房屋的数目还将大大降低。举例来说，在**印度尼西亚**，如果仅仅使用楼板作为衡量标准，有84%的房屋可以被认为是耐久的，而如果将楼板、墙体和屋顶三个因素同时纳入考虑，则只有70%达到标准。[71]

2.2.2 足够的居住面积
Sufficient living area

过度拥挤（缺少足够的居住面积）是住房不平等的一种表现。它由很多因素共同导致，其中最突出的可能是住房存量不足以及缺乏低成本住房。同样有观点认为它是无家可归的一种隐藏形式，因为很多没有住处的人被亲戚或朋友收留，从而导致了过度拥挤。

在2003年，在发展中国家大约有20%的城市居民住在没有足够居住面积的住宅中（一个房间住3人或3人以上）。发展中国家居住在过度拥挤条件下的人中有三分之二居住在亚洲，其中的一半在南亚。[72]在南亚，每三个城市居民中就有一个缺少足够的居住面积：这在发展中世界中是比率最高的。

> 虽然数据显示了一个完全负面的图景，但亚洲很多地方的住宅质量已经在提升。与其他发展中地区相比，亚洲在提升其住房质量的绝对值方面已经走在世界前列。

亚洲的低成本土地和住房

关于全亚洲充足居住面积的一份分析报告显示，大部分的城市和国家都在逐渐变得过度拥挤。过度拥挤和缺乏空气流通与发病率和儿童死亡率相关。随着不断增长的居住人口挤入又小通风条件又差的地方，疾病传播和感染的风险也随之加大。

2.2.3 获得改善的水供应
Access to improved water supply

在全世界缺乏改善的水供应的人口中有三分之二居住在亚洲。这相当于在城市和农村共有超过6.7亿的人。然而根据官方数据，在亚洲城市中能获得改善水源的人口比例却非常高。绝大多数人，即93%的人口，能获得安全饮用水。[73] 在很多国家，官方数据显示城市地区的水源覆盖好于农村地区。然而，在很多城市的贫民区，水源的数量、质量和低成本性都达不到可以接受的标准。

2.2.4 获得改善的卫生条件
Access to improved sanitation

在发展中世界，超过1/4的人口无法获得足够的卫生设施。仅亚洲就占据了这一数据的70%以上，这主要是因为中国和印度的庞大人口基数。在2000年，中国大约33%的城市人口缺乏改善的卫生设施。

近年来，南亚和东南亚在获得改善的卫生条件的城市人口数量上有了显著增长，但东亚却远远落后，仍然有31%的城市人口无法获得改善的卫生设施，如表4所示。没有足够的厕所不仅影响房屋居住者的身体健康，同时会增加发病率和死亡率，并且通常会有损他们的尊严。

2.2.5 保有权保障
Security of tenure

近年来，在许多城市的大规模移除贫民区和棚户居住区的现象，表明亚洲城市贫困人口的住房保有权保障正变得越来越不稳定。住房保有权缺乏保障和强制驱逐的规模很大程度上取决于公共部门和私人部门的政策和实施。

亚洲城市的大规模驱逐有三个主要原因：大规模的基础设施工程、城市美化计划和大型国际活动。举例来说，在筹备2008年中国北京奥运会的八年中，由于城市建设和城市再开发，估计有150万人口被搬迁。[74] 在有些情况下，在执行这些驱逐时并没有法律公告或遵循正当程序。[75]

2.2.6 多种住房匮乏类型
Multiple shelter deprivations

带有上文列举的五种"住房匮乏"状况中的一个或多个的住房被定义为"不适

表5：2001年发展中地区存在不同住房匮乏状况的贫民区家庭比例
Table 5: Proportion of slum households in developing regions by number of shelter deprivations, 2001

		住房匮乏类型			
		一	二	三	四
亚洲	南亚	66	29	5	0
	东南亚	74	20	5	1
	西亚	77	16	6	1
	东亚	–	–	–	–
非洲	北非	89	11	0	0
	撒哈拉以南	49	33	15	3
拉丁美洲和加勒比地区		66	25	8	1

资料来源：联合国人居署（2005）"城市指标计划第三阶段"（东亚数据不详）。
Source: UN-HABITAT, (2005) Urban Indicators Programme, Phase 111 (data for Eastern Asia not available).

足"。但是"不适足"的程度取决于匮乏的数量和程度。所以一套略显拥挤但能满足其他所有"适足"标准的住房，要比一套临时、拥挤，既没有优质供水又没有卫生设施的住房更接近于"适足"的标准。这个定义的使用为"适足"设立了一个高评价标准，要使房屋能同时"适足"和"低成本"变得更难了。

表5表明亚洲不同地区的贫民区家庭中，大多数都面临着其中一到两种"住房匮乏"。只有很小一部分带有三到四种住房匮乏。西亚带有一种住房匮乏的比例是亚洲最高的（77%），带有两种的比例是最低的（16%）。而南亚正好相反，带有一种住房匮乏的家庭的比例是最低的（66%），而带有两种匮乏的比例则是最高的（29%）。

2.3 低成本性
AFFORDABILITY

在发达国家，中位数房价常常是平均中位年薪的2.5倍到6倍。[76]在亚洲，很多国家的房价收入比要高于这个数值，正如图14中所列举的首都城市所示。老挝人民民主共和国的首都万象（Vientiane）的房价年薪比是23.2，达卡（Dhaka）是16.7，雅加达（Jakarta）是14.6。所以在很多新兴的亚洲国家，拥有住房要远贵于也远难于其他国家。

如果不考虑高企的房价收入比，亚洲的住房较发达国家而言还是便宜一些。例如在中国武汉，一套坐落于湖边、设施齐全高规格的140m²全新公寓只要7.6万美元。[77]事实上，坊间证据表明，海外投资者看中了中国的公寓的价值而广泛购买。[78]因为正规房屋都使用国际流通的材料来建造，所以价格的弹性仅仅与劳动力成本以及对土地和建材实际成本的公开或隐蔽的补贴相关。

根据图14和图15的描绘，不同国家的租金收入比相差很大。[79]在公共住房仍然占主导的国家，租金收入比最低，而在有着高需求压力的国家，由于租赁房屋的供不应求和新家庭的快速组成率，租金收入比最高。总体而言，亚洲城市的租金收入比几乎是发达国家的两倍。[80]

尼泊尔的博卡拉（Pokhara）是亚洲城

图13：尼泊尔，密集的低层非正规贫民区住房
照片版权：联合国人居署/Rasmus Precht
Figure 13: Dense, low-rise informal slum housing in Nepal
Photo © UN-HABITAT/Rasmus Precht

亚洲的低成本土地和住房

> 在亚洲，城市贫困家庭根本无力承受将如此比例的收入用在住房上。因此，数以百万计的家庭没有其他选择，只有转而去租非正规部门建造的、通常位于贫民区和非正规居住区的房间。

市中租金收入比最高的（34：1）。与此相似，泰国的清迈（Chang Mai）和巴基斯坦的拉合尔（Lahore）也有着很高的租金收入比（分别为25.0：1和23.3：1）。租金收入比通常比房价收入比高很多。

例如在清迈（Chang Mai），买一个中位价格的住宅要花费6.8倍的中位数年薪，而租一个中位价格的住宅要25倍的中位数收入。泗水（Surabaya）的情况与此类似，租房比买房要贵200%以上（图15）。

在亚洲，城市贫困家庭根本无力承受将如此比例的收入用在住房上。因此，数以百万计的家庭没有其他选择，只有转而去租非正规部门建造的、通常位于贫民区和非正规居住区的房间。这样他们有更多低成本的选择，他们可能的选择包括共用房间或服务。还有其他上百万的家庭在非法占有的土地上搭建最基本的住处，同时还有成千上万的家庭变成了街头居民，就像在印度的主要城市一样。

亚洲的住房价格与收入的比率仅次于非洲。住房相对价格对那些低收入人群而言尤其高。租金管理办法也许可以帮助降低租金收入比，但同样会导致租房供应的减少。[81, 82]

在住房供应和低成本性中起关键作用的决定因素是正规和非正规部门在住房生产中扮演的角色。在亚洲，住房中相当大的比例是由非正规部门建造的。用来区别非正规部门和正规部门的一个特征是住宅开发的步骤。[83] 正规部门在建造之前会预先规划，随后在建造之前至少配套部分基础设施。只有这样之后居住者才搬进去。而非正规部门正好相反，首先进行的是入住，通常发生在空着的没有任何公共设施的土地上。其次是建

图14：部分亚洲首都城市的房价收入比与租金收入比
Figure 14: House price/rent-to-income ratios for selected Asian capital cities

部分亚洲首都城市的房价收入比与租金收入比（注：部分城市没有租金收入比数据；没有数值并不意味着该比值为零）。
资料来源：联合国人居署 2003
Source: UN-HABITAT, 2003

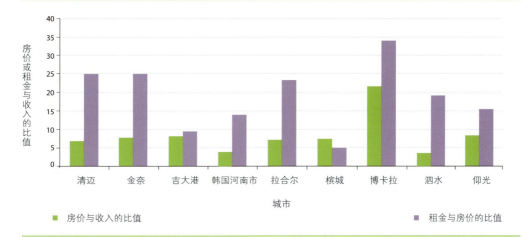

图15：部分亚洲城市的房价收入比与租金收入比的比较
Figure 15: House-price-to-income ratio compared with house rent-to-income ratio in selected Asian cities

部分亚洲城市的房价收入比与租金收入比的对比。
资料来源：联合国人居署 2003
House-price-to-income ratio compared with house rent-to-income ratio in selected Asian cities.
Source: UN-HABITAT, 2003

造房屋，然后才是服务设施和规划——通常发生在一段相当长的时间之后，回过头来为了改善处境而进行。

亚洲住房低成本性普遍很低的原因主要有几个。[84]首先，大多数的住房信贷机制都有很高的利率并且不够灵活，这加大了获得房贷和每月还贷的难度。其次，主要因为高土地成本和建筑材料的高成本，使得房地产价格很高。第三，几乎没有能降低住房成本的可选择的低技术建造方法来代替。第四，围绕正规住房开发的遵从成本和法规既昂贵又费时。最后，家庭之间存在严重的收入差距，而且低收入家庭的金融资产和收入不足以支付主流的正规的市场导向的住房。

住房低成本性问题在南亚尤其普遍。估测显示，在**印度**，家庭的低购买力影响了三千万个家庭。[85]在斯里兰卡，40%的家庭连最基本的低成本住处都负担不起。在**巴基斯坦（Pakistan）**，由于负担能力的限制，三分之二的人口无法获得正规住房。因此这些家庭寻求非正规贫民区的住房，仅在卡拉奇（Karachi），非正规社区就容纳了760万人口，而整个城市人口才1510万。[86]

估测显示，在**阿富汗**80%的人口不能负担即使是最便宜的新低成本住房。[87]借用2009年的数据，低收入家庭典型的月收入是30美元，而一个新的低成本住宅的按揭还款额是每月49美元（假设还款期限是20年，利率10%，一套5000美元的住房，其中4000美元为借款）。这个案例显示，一个基本的低成本住房，每月按揭还款额是中位数收入的163%，这使得这类住房太过昂贵而几乎不可能获得和持有。[88]这样看来，住房低成本性是同时关于最初的首期付款（这个例子中的1000美元，假使正常工资的50%都被存起来也要近六年的时间积累）和之后需支付的按揭还款额（比收入高63%）的一个问题。当然，这也得假设有贷款政策且家庭有达标的信用等级从而能获得住房信贷，然而这二者并非总能满足。

2.4 主导建筑类型
DOMINANT BUILDING TYPES

低成本住房采取了各种形式，在亚洲可以看到很多不同的建筑类型。它们的范围从已经在城市环境中被采纳使用的传统农村住宅类型到现代化的多层公寓大楼。图18显示了部分亚洲城市中可以找到的不同住宅类型。有些城市以独立住宅为主，如那加

图16：正规部门和非正规部门的不同开发次序
Figure 16: The contrasting order of development in the formal and informal sectors
资料来源：基于Baross, 1987
Source: Based on Baross, 1987

（Naga）、**宿务岛**（Cebu）、**河内**（Hanoi），而其他城市则以多户公寓为主，例如**香港**（Hong Kong）、**班加罗尔**（Bangalore）、**加德满都**（Kathmandu）。这些模式同时反映了历史上的城市发展和用于住宅开发的土地的可得性。

在阿富汗的喀布尔（Kabul）有三种主要的住宅类型：五层的无电梯住宅楼；位于用地中央的独立式住宅；和围绕着筑有围墙的场地的住宅，从而将用地中心留作开放的庭院。每种类型符合不同社会经济群体的要求。[89] 在**新加坡**，超过80%的人口住在公共住房中，它们主要由平均12层高的公寓楼组成，虽然部分新近建成的已有30至40层高。确实，追求更高的住宅楼已经成为一种趋势，最近有私人部门已经宣称要建50-70层的高层公寓楼。[90]

伊拉克新成立的政府在经历了几年的房屋供应脱节和大量人口流动之后，面临着巨大的住房赤字。最近该政府颁布了一项新的住房政策，支持一系列的住房类型[91]，包括以高层公寓楼的形式供应公共住宅。[92] 随着可用的城市土地越来越稀少并越来越贵，在市中心区进行高密度高层住宅开发的做法将可能在未来几十年内席卷整个亚洲。

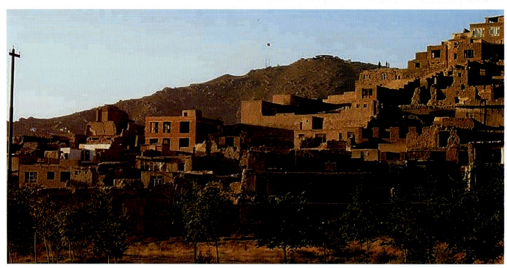

图17：在阿富汗80%的人口无力购买即使是最便宜的新低成本住房
照片版权：联合国人居署
Figure 17: Eighty percent of the population in Afghanistan cannot afford to purchase even the cheapest new low-cost house.
Photo © UN-HABITAT

图18：部分城市的居住类型
Figure 18: Dwelling types inselected cities

2.5 土地保有权形式
TENURE MODALITIES

在过去的二十年中，发展中世界的大多数国家政府，包括亚洲各国，一直在鼓励拥有自己的住房。[93, 94]在亚洲，虽然农村地区的大部分家庭都拥有住房，但在亚洲各国城市里却不是这样。在城市里，拥有自己的住房非常昂贵，而且对大部分城市家庭来说，由正规部门开发的住房是无法负担得起的，所以租房成了他们唯一的选择。尽管如此，国家住房政策和住房计划普遍地忽视租赁房屋，而强调家庭完全拥有住房。尽管在发展中世界已经按照《人居议程》（Habitat Agenda）的建议有了反对直接提供住房的整体趋势，但是一些国家仍然持续支持公共租赁房屋。[95]

新加坡为大多数人口提供低成本住房的成功是建立在通过贴息贷款获得自有住房的基础之上的。住房发展局（The Housing and Development Board）为80%的人口提供了住房，其中95%的人为住房所有者。[96]在**中国**，有80%左右的城市家庭拥有自己的住房，其中有一半是采取抵押贷款的方式。这是由于大约有50%～60%的中国住房所有者是在私有化阶段以低于市场的价格购买了住房，因此几乎不需要按揭贷款。[97]

在**韩国**，房屋产权并不被认为是一个所有家庭都必须的选择，因此韩国在1989年开始为低收入家庭提供租房。然而到1999年，出租的公共住房只占总住宅储量的2%。在**中国香港**，1991年至2001年之间，住屋署（Housing Authority）将租赁房屋储量增大了1.8万套——尽管在这段时间公共租赁住房同时也在被卖出。这是住屋署不断建造房屋并实质上扩大了资格范围，从而增加了潜在受益人数的结果。这类住房享受高额补贴，承租人约支付他们收入的9%，而（类似住房）在私人部门则需要支付29%。[98]

在亚洲，租赁房的一个重要来源是生活地主（他们租出自己住宅中的房间来维持家用或增加家庭收入）和小资产阶级地主（他们租出一至两套住房，利用租金改善生活品质）。[99]因此，在贫民区和非正规居住区出租房屋的比例将会增加，但并不符合监管和法律规定。业主和租户之间也缺乏合法的有约束力的合同。[100]

第二部分尾注
PART TWO ENDNOTES

49 Nenova, T. (2010). Expanding housing finance to the underserved in South Asia: Market review and forward agenda. Washington: The World Bank.

50 UN-HABITAT (2006a). Enabling Shelter Strategies: Review of Experience from Two Decades of Implementation. Nairobi: UN-HABITAT.

51 Nenova, T. (2010)

52 Nenova, T. (2010)

53 Nenova, T. (2010)

54 Tiwari, G., U. Raghupathi, and J. Husain Ansari. (2007). Improving housing and basic services for the urban poor in India. In, Laquain, A., V. Tewari, and L. Hanley. (Eds) (2007) The inclusive city: infrastructure and public services for the urban poor in Asia. Baltimore: John Hopkins University Press: Baltimore, pp. 41-75.

55 Tiwari, G., U. Raghupathi, and J. Husain Ansari. (2007)

56 UN-HABITAT (2006a)

57 Government of Malaysia (2006). "Ninth Malaysia Plan 2006-2010". Kuala Lumpur: Government of Malaysia.

58 UN-HABITAT (2009a). Community-based housing finance initiatives: the case of community mortgage programmes in Philippines. Nairobi: UN-HABITAT. p.3

59 UN-HABITAT (2009a) p.4

60 Villero, J. M. (2010). "The Right to Housing situation: still searching for a roof." Available online: http://philrights.org/wp-content/uploaDS/2010/10/The-Right-To-Housing-Situation.pdf from the Phillipines Human Rights Information Center.

61 UNEP and SKAT (2007). After the Tsunami: Sustainable Building Guidelines for South-East Asia. Nairobi: United Nations Environment Programme (UNEP).

62 Wu, W. (2002). "Migrant Housing in Urban China: Choices and Constraints", Urban Affairs Review 38(1): 90.

63 Sato, H. (2006). "Housing inequality and housing poverty in urban China in the late 1990s", China Economic Review 17(1): 37-50.

64 UN-HABITAT (2006b). State of the World's Cities 2006/7. London: Earthscan.

65 UN-HABITAT (2006b). State of the World's Cities 2006/7. London: Earthscan. p.94

66 UN-HABITAT (2010a). The State of Asian Cities 2010/11. Regional Office for Asia and the Pacific (ROAP), Fukuoka, Japan: UN-HABITAT.

67 UN-HABITAT (2007c). The State of Iraq Cities Report 2006/2007: Cities in transition. Nairobi, UN-HABITAT in association with Global Urban Research Unit (GURU), Newcastle University.

68 Kironde, J. M. L. (1992). "Received concepts and theories in African urbanisation and management strategies: the struggle continues", Urban Studies 29(8): 1277-1292.

69 UN-HABITAT (2007b). Secretary General's visit to Kibera, Nairobi 30-31 January, 2007.

70 UN-HABITAT (2006b)

71 UN-HABITAT (2006b)

72 UN-HABITAT (2006b)

73 UN-HABITAT (2006b)

图19：孟加拉国博格拉（Bogra）的住房和城市发展
照片版权：联合国人居署/Matthew French
Figure 19: Housing and urban development in Bogra, Bangladesh.
Photo © UN–HABITAT/Matthew French

74 COHRE (2008). One World, Whose Dream? Housing Rights Violations and the Beijing Olympic Games. Geneva: Centre on Housing Rights and Evictions (COHRE).
75 UN-HABITAT (2006b); UN-HABITAT (2007a)
76 UN-HABITAT (2005b). Facts and Figures about Financing Urban Shelter. Nairobi: UN-HABITAT.
77 Dahua Group. (2007). "Record of apartment price of Gemdale Green Town (Wuhan)." Retrieved 16th October, 2007, from http://newhouse.wuhan.soufun.com/newhousenet/newhouse/newhouse_detail_more.aspx?newcode=2610067994&ptype=price.
78 Yanyun Man, J. (Ed) (2011) China's housing reform and outcomes. New Hampshire: Lincoln Institute of Land Policy.
79 Source: http://www.adb.org/Documents/Events/2001/Cities_Data_Book/housing_graphs.pdf
80 UNCHS (2001b). The State of the World Cities 2001. Nairobi: UNCHS (Habitat).
81 UNCHS (2001b)
82 UN-HABITAT (2003b). Rental Housing: An Essential Option for the Urban Poor in Developing Countries. Nairobi: UN-HABITAT.
83 Baross, P. (1987). "Land supply for low-income housing: issues and approaches." Regional Development Dialogue. 8(4): 29-45.
84 Nenvoa, T. (2010)
85 Nenova, T. (2010) p.34
86 Nenova, T. (2010)
87 Nenova, T. (2010) p.34
88 Nenova, T. (2010) p.71
89 Bertaud, A. (2005). Kabul Urban Development: current city structure, spatial issues, recommendations on urban planning.
90 Yuen, B. (2005). Squatters no more: Singapore social housing. Third Urban Research Symposium: Land Development, Urban Policy and Poverty Reduction. Brazilia, Brazil.
91 Republic of Iraq (2010). Iraq national housing policy. Ministry of Construction and Housing. Baghdad: Republic of Iraq (supported by UN-HABITAT).
92 Republic of Iraq and UN-HABITAT (2007). The State of Iraq Cities Report 2006/2007: Cities in Transition. Nairobi: UN-HABITAT.
93 UN-HABITAT (2003b)
94 UN-HABITAT (2011b) A policy guide to rental housing in developing countries. Quick Policy Guide Series. Vol. 1. Nairobi: UN-HABITAT.
95 UNCHS (2001a)
96 Tay, K. P. (2007). Creating a home-owning society. 1st Asia-Pacific Housing Forum, Singapore.
97 RICS (2008). Asian Housing Review 2008. Hong Kong: RICS (Royal Institution of Chartered Surveyors) Asia.
98 UN-HABITAT (2005d). Financing Urban Shelter: Global Report on Human Settlements 2005. London: Earthscan.
99 Kumar, S. (1996). "Landlordism in third world urban low-income settlements: a case for further research", Urban Studies 33(4/5): 753-782.
100 UN-HABITAT (2003b)

图20：在整个亚洲，传统的劳动密集型的建筑材料生产技术仍被广泛地使用，比如这个尼泊尔北部某村庄的例子
照片版权：联合国人居署/Matthew French

Figure 20: Traditional, labour intensive building material production techniques are still widely used throughout Asia, such as this example from a village in Northern Nepal
Photo © UN–HABITAT/Matthew French

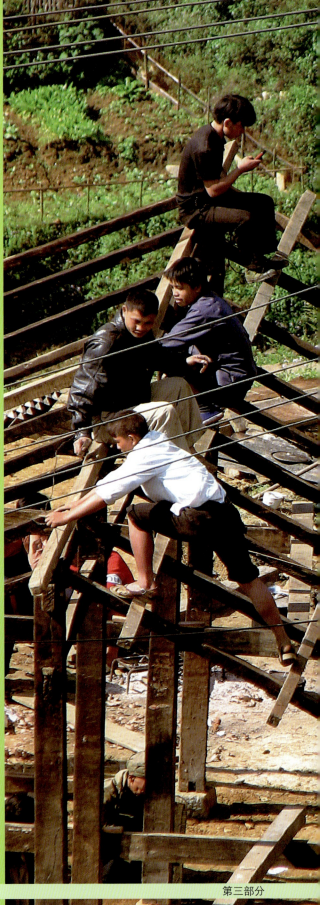

> 在过去的二十年中，小额信贷和社区储蓄团体的出现已成为促进亚洲城市贫困人口获得住房资金的重要机制。

3

第三部分

应对挑战：低成本土地和住房供给的趋势和模式

图21：越南沙巴（Sapa）的住房建造活动。
（照片版权：联合国人居署/Rasmus Precht）

3 应对挑战：低成本土地和住房供给的趋势和模式
APPRESSING THE CHALLENGE: AFFORDABLE LAND AND HOUSING DELIVERY TRENDS AND PATTERNS

3.1 土地
LAND

对所有人而言，合法地拥有土地是获得适足且低成本的住房的关键性的先决条件。这同时也是减缓贫困的先决条件。确实，正如《伊斯坦布尔宣言》（Istanbul Declaration）第75段中写道："未能在任何层面采取适当的农村和城市土地政策和土地管理措施依然是导致不平等和贫穷的主要原因"。[101]

无力拥有土地也导致了生活成本的增加、贫民区和非正规居住区的扩散、环境的退化，并加剧了城市贫民、以妇女为主的家庭以及其他处于社会边缘的弱势群体的弱势。

城市土地的开发本身就有相当的风险，而公共部门通常不能很好地对这些风险承担责任。这些风险产生于把公共土地用在并不需要的地方、建造的住房与土地使用要求不符以及出于疏忽将补助金发给中高收入家庭而非贫困家庭。所有这些问题导致了更高的地价和相应更高的房价，并降低了低成本性。[102]

3.1.1 土地政策和法律框架
Land policy and legislative frameworks

在亚洲的很多国家，国家政府制定土地政策和法律框架以控制规划和土地保有权，而地方政府则处理土地管理和开发的细节。然而一旦框架被确定，那些对怎样有效地提供和开发土地有着最先进技术知识的私人部门却可能对实施过程产生重要影响。在专栏1中，菲律宾的《1992年城市发展与住房法案》对其如何在实践中运作提供了很好的例子。

除了获得土地，土地保有权和财产权是影响住房适足性和低成本性的关键因素。正如全球土地工具网络（GLTN）所倡导的，土地权最好被设想为一个连续体，从位于连续体上非正规一端的实际保有权到位于连续体上更为正规一端的已登记的永久业权（图20）。[103, 104] 这一连续体强调土地保有权涉及一套复杂的正规权利和非正规权利，范围包括从各种使用权到对土地有条件或完全的产权和处置权。[105]

土地保有权的保障很重要是因为，事实说明它可以促进房屋的加固和改善，因为当人们对所在之处感到安全时，那种被驱逐而损失投资的威胁会降低。然而需要注意的是，"已登记的永久业权"不应该被当作理想的或优先的土地保有权形式或终极权利，而且对家庭尤其是那些住在贫民区或非正规居住区的家庭来说，实际土地保有权

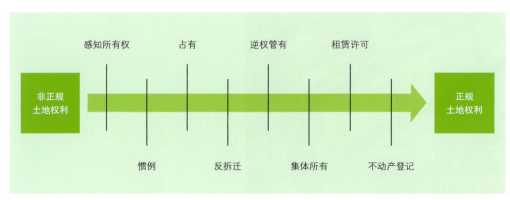

图22：土地权利的连续统一体
Figure 22: The continuum of land rights

本身已经足够用于巩固和改善他们的房屋和临时居住地。参与式枚举（Participatory enumerations）—— 一种让城市贫困人群参与到清查并绘制他们自己社区的调查方法——被证明是增强土地保有权保障和提高城市土地管理的很重要的第一步。《算我一个：对土地保有权和城市土地管理的调查》（Count Me In: Surveying for Tenure Security and Urban Land Management）（2010）这本书为怎样进行参与式枚举提供了一个清晰易懂的概括。[106]

一些亚洲国家仍然保留着传统土地分配的操作系统，比如**印度尼西亚**的阿达特法，与建立在来源于欧洲法律的个人产权之上的系统并行甚至交叠。这些操作系统大部分建立在社区权利和决策之上，当地居民几乎无需花费就能获得土地的使用权。在早期，这些系统保证了大部分家庭都能负担拥有基本、持久的住处。产权系统的变化很可能会带来很大的交易成本，而且会使很多家庭失去对土地的控制权。

在很多亚洲城市，土地冠名和登记的工作费时费钱，这增加了住房开发的总体成本。例如在**巴基斯坦**，登记待开发的土地要涉及17个机构和6道程序。这一工作要花50天时间和房产价格的5.3%。[107] 这些高额的花销和拖延的时间与该地区的其他国家相差不多。相反，在**沙特阿拉伯**这个过程只要2道程序且只需要花3天，而且还是免费的。[108]

3.1.2 居住用地供应和低成本土地的可得性
Provision of land for housing and availability of affordable land

亚洲城市地区土地的可得性通常与产权的类型无关。这对于大部分土地是公有的城市例如**德里**（Delhi）和**卡拉奇**（Karachi）来说是一个问题，但是对于大部分土地是私有的城市例如**曼谷**（Bangkok）和**首尔**（Seoul）来说这同样是个问题。事实上，在很多城市，土地问题并非由于土地稀缺，而是因为拥有者拒绝买卖或没有开发意图。[109]

在亚洲的很多国家，由公共部门提供的带有基础设施的土地和住房正在逐渐减少，尤其是面向低收入家庭。原因有几个，包括缺少资源、欠缺管理和技术手段，以及缺少政治意愿。[110]

然而亚洲一些国家创造了负责土地开发的半国营企业，其中最大的是印度尼西亚的国民房屋公司（Perumnas）。建立这些企业的主要目的是：

• 引导土地和住房价格使低收入和中等收入家庭可负担；

> **专栏1：菲律宾：1992年城市发展与住房法案**
> Box1: Philippines: The Urban Development and Housing Act of 1992

第二节：国家政策和计划目标的声明：

通过与私人部门合作，执行一个全面和持续的城市发展与住房计划（以下简称"计划"），这应当成为国家政策：

（a）通过向住在城区和重新安置区中的条件贫困和无家可归的公民以可负担的价格提供体面的住房、基本服务和就业机会，提升他们的生活条件；

（b）对城市土地合理的使用和开发，可以带来以下这些：

　（1）在城区和可城市化地区公平地利用居住用地，并特别关注贫困和无家可归的公民的需要和要求，而不仅仅根据市场需要；

　（2）优化土地和城市资源的使用和生产力；

（3）开发有利于商业和工业活动的城区，这可以为民众产生更多的经济机会；

（4）减少城市的功能失调，特别是那些对公共健康、安全与生态有负面影响的功能失调；

（5）使贫困和无家可归的公民获得土地和住房；

（c）采取切实可行的政策来规范和指导城市增长和扩张，使之趋向分散的城市网络和更平衡的城乡互助；

（d）提供一个公平的土地保有权系统，应当保证"计划"受益者的土地保有权保障，但应当尊重小产权所有者的权利并确保支付应有的补偿。

> 住房是一个发展社会经济和减少贫困的催化剂，它几乎涵盖了其他所有人类发展指标。获得适足且低成本的住房可以防止损伤、疾病和过早死亡、增加家庭和国家收入，并提供了社会政治稳定。

- 确保与基础设施供给有关的土地价值增长不被私人开发商控制；
- 承担被私有部门规避的重要但有风险的计划。[111]

补助金有时被用来向中低收入人群发放土地，但很难保证目标的精确。在**伊朗**，土地补助占国内生产总值（GDP）的3%，但大多数分配给家庭和合作社的土地却因为缺乏足够的资源来提供基础设施而始终得不到开发。[112] **伊拉克**政府在20世纪80年代对中等收入家庭、武装部队人员和政府工作人员分发了很多政府补贴的土地。但这些土地中很多仍然没有被开发。[113]

3.1.3 居住用地的获得和管理
Access to, and servicing of, land for housing

获得带有基础设施的住宅用地是几乎所有亚洲城市都面临着的主要问题之一。为了能以低成本的价格提供充足的位置适宜且带有基础设施的土地，尝试了几种方式，包括以下几种：

土地储备
Land banking

土地储备被用于在城市开发需求出现之前，以相对较低的成本获得土地。土地储备也可以用来指导城市开发、遏制土地投机、为贫民重新分配土地，以及资助基础设施投资。然而这需要强大的行政和金融能力，也正是很多发展中国家的地方政权所缺少的。经验同样表明了大部分土地银行没能成功抑制土地价格和遏制投机，而且在获得和开发土地上的广泛延迟往往将贫穷家庭排除在外。虽然土地储备曾经在亚洲的**马来西亚**和**新加坡**很成功，但已经不再被视为发展方向。

土地分享
Land sharing

土地分享被土地所有者用来将占用土地的家庭搬离该土地并将土地用于其他用途。土地所有者不在法庭上诉诸法律途径，而是同意居住者（租户或占用土地者）继续留在部分土地上，通常是密度增加但条件改善的安全的住房。随后土地所有者对土地中最有经济效益的部分进行开发。土地分享计划的四个基本特点是：密度增加、重新建造、参与和交叉补贴。土地分享在**印度、泰国和菲律宾**的使用获得了不同程度的成功。它未被广泛使用的主要原因是需要满足很多先决条件。

土地整理
Land readjustment

土地整理是土地分享的一种更广泛使用的变体。它包括整合小地块，为大地块配备基础设施，再将土地返还给土地所有者。在**孟加拉和印度**，调整过的土地还给土地所有者的条件是，将土地价格增值的一定比例还给政府用于使低收入人群能获得更多的土地。在**韩国**，政府将地产的一部分还给原先的所有者，而把余下的土地以市场价格卖出以填补开发成本。**日本**的城市土地供应大约有30%是通过土地整理来开发的。

土地征用权
Power of eminent domain

大多数国家都有立法来允许政府为公共

目的征用私人土地，并决定应支付及赔偿的金额。这就是所谓的"土地征用权"（power of eminent domain）。在很多发展中国家，这继承自殖民时代。土地征用权可以用于先于需求进行土地储备。在**印度**，自1957年以来，德里发展局（DDA）通过这种方式获得了相当一部分的土地。

土地交换、合资协议、协商购买
Land swapping, joint venture agreements, negotiated purcbase

在**菲律宾**，当地政府单位（LGU）有几种方式可以获得私人拥有的土地用于社会住房的建造，包括土地交换、合资协议和协商购买。然而，获得土地的过程却是复杂而拖沓的，因为缺少一个标准的土地估价方法，尤其是当要获取的土地已经被非正式的移居者占领时。114 在**泰国**也采用了一些创新的土地使用机制，其本地的、基于特定背景条件的解决方案是在政府、社区组织和非政府组织（NGO）的密切指导下设计的。115

3.1.4 已配套基础设施/未配套基础设施的住房开发场地
Serviced/unserviced housing development sites

根据2000年的《全球住房战略》：

"各国政府在住房领域最大的失败在于没有能力刺激充足的低成本和官方认可的具备基础设施的土地的供给，以满足低收入家庭的需要。"119

为了克服这一失败，亚洲的一些国家正试图通过为城市贫困人口和低收入家庭以他们低成本的价格提供已配套基础设施或未配套基础设施的用地。

孟加拉的中央政府和市政府都在开发居住小区用于出售给上等或中上等收入家庭和拆迁安置计划，并为低收入和中等收入人群提供"用地与设施计划"。然而，后者通常很难落实到低收入家庭。而且公共住房计划的总规模与住房需求相比也非常之小。120

在**马来西亚**，政府正在实行"用地与设施计划"来为无法在公共低成本住宅计划

图23：在越南河内（Hanoi），对公共住房的非正规加建。
照片版权：联合国人居署/Claudio Acioly
Figure 23: Informal housing extensions to public housing in Hanoi, Vietnam.
Photo © UN–HABITAT/Claudio Acioly

亚洲的低成本土地和住房

（PLCH）下购置房屋的低收入家庭提供住房。在这一计划下的住房选择有：（1）一块包括了基本的基础设施的待建地块；（2）一块带有基础设施的地块以及一个可以在今后扩建的核心房屋。[121] 然而在2001-2005年的阶段性计划下，马来西亚政府只达成了提供1000套住宅的目标的一半不到（48%）。[122]

在泰国，曼谷的国家住屋署（NHA）通过"用地与设施计划"帮助被搬迁的棚户居民重新定居，并让棚户居民自己从中挑选和购买。该计划中的很多土地是由国家住屋署（NHA）连同租赁住房一起管理的，大多位于曼谷大都市区（Bangkok Metropolitan Area）的边缘并远离就业机会。[123]

3.2 住房
HOUSING

住房是一个发展社会经济和减少贫困的催化剂，它几乎涵盖了其他所有人类发展指标。获得适足的和可负担的住房可以防止损伤、疾病和过早死亡、增加家庭和国家收入，并提供了社会政治稳定。然而，尽管近数十年来亚洲的许多国家在经济和生活水平方面发生了根本性的转变，为相当数量的民众改善住房条件仍然是一项迫切需要。

3.2.1 住房政策和法律框架
Housing policy and legislative frameworks

在亚洲地区，国家住房政策、战略和法律框架在过去的几十年中已经发生了明显的转变。其中许多改变致力于促进国家住房政策以使贫民获得适足且低成本的住房。[124] 然而如果要指明最近二十年来发展中国家在住房政策上最重要的革新时，以下几点可以被挑选出来：

- 许多国家政府住房战略的发展与《2000年全球住房战略》（GSS）和《人居议程》纲领（Habitat Agenda）取得一致；

- 贫民区改造被优先考虑，并发展了

> **专栏2：为了亚洲穷困和弱势家庭的利益，改善土地可得性和土地管理效率**
> Box2: Improving land access and land administration efficiency for the benefit of poor and vulnerable households in Asia

印度卡纳塔克邦（Karnataka）的高效土地管理[116]

土地可得性的核心是对于获得和持有土地的高效的管理程序。亚洲有不少以贫民为着眼点设计的改良土地管理体系的优秀案例。其中值得一提的是印度卡纳塔克邦（Karnataka）政府推行的Bhoomi土地转让体系。Bhoomi将这个国家670万农民【注：此处原文数量有误，应为6.7million】的2000万份土地产权记录计算机化。这一计划重点着眼于土地产权记录的在线传送和管理，这一点使土地档案管理透明化，并减少了例如在变更土地使用权或其他核实土地使用权等操作中冗长的官僚手续。这个非常成功的例子体现了电子化档案管理、公私合作、政府各部门协调，以及通过本地即可使用的"计算机亭"面向所有人的透明的信息访问，包括了通常被排除在外的低收入家庭。

联合国人居署在印度洋海啸后为土地可得性做出的努力[117]

在2004年12月的海啸后，联合国人居署及其他联合国机构共同参与了救援与重建行动。在印度尼西亚亚齐（Aceh）特别行政区，工作主要从以下三个方面针对土地问题：

（a）在被严重破坏的地区重新安置整个居住区

（b）对于被部分破坏的地区重新调整现有居住区

（c）在可行的地区对居住区进行原地改造

这些措施直接影响了许多原住民的生活，对于他们而言，土地问题具有根本的重要性。

2005年地震后巴基斯坦为失地民众分配土地[118]

2005年10月8日巴基斯坦地震发生后，联合国人居署支持了一项由巴基斯坦地震恢复与重建部（EERA）发起的成功的土地分配计划。在这项计划中，有意愿的卖家手中的土地通过最低的管理和法律费用，以一种"单窗口"的过程被合法地转移到有意愿的买家手中。这意味着常见的冗长的土地管理程序被改良，以加速重建进程并促进土地的大量分配，同时保持对质量和公平的关注。到2009年底为止，8156户失去土地或生活在危险山坡上的家庭在这个计划中获得了用以建造住房的新土地。这证明了高效的土地管理程序的重要性和价值，尤其是在灾后环境中。

创新性方法；

· 加大力度解决在提供住房与服务中的女性歧视和性别盲视问题；

· 加强重视人权；

· 政府认识到租赁住房可能发挥的积极作用，并采取举措支持其发展。[125]

伊拉克、黎巴嫩、叙利亚和也门通过引入私人部门及多种民间团体并增加其作用，加强了住房供应过程。其余国家，例如**孟加拉、菲律宾和韩国**则强调了以需求为驱动、由分散式市场引导、管制自由、由私人部门发起的住房计划。[126]

在**约旦**，住房与城市发展公司（HUDC）被委托在全国推行国家住房政策，并已引入大量对住房部门的改革。在实施住房政策方面，已采取措施根除新贫民区的出现，并为低收入群体增加低成本住房的供给。这些措施包括改善法律环境、改革土地政策、更新规划和建筑法规、引入次级抵押贷款市场、修订租赁法、简化行政程序等。[127]

在为大多数人创造低成本住房方面，建筑与土地利用法规常常无法操作。这些法规通常都具有很强的限制性，而且土地使用和建筑特征方面的法律增加了每个家庭的住房成本。一个明显的例子是建筑限高：只允许较低的高度和较少的层数。这种低层的开发方式增加了基础设施成本，使城市向外扩张，并限制了住房开发项目的规模。这样的限制在公寓建筑限高相对较低的**卡拉奇（Karachi）**非常明显。[128] 一旦开发商们超过规范的限制，其住房项目的合法性就有了问题，他们也就无法取得未来的贷款，这就限制了他们开发更多住房项目。

3.2.2　当前的低成本住房项目和实现途径
Current affordable housing programmes and approaches

许多政府已经按照《全球住房战略》（GSS）和《人居议程》（Habitat Agenda）的建议，不再直接提供住房。然而在一些国家，公共组织以这样或那样的方式积极介入住房生产。包括政府部门、专业机构和金融组织，其中很多正在设法保障低收入家庭及其他弱势的社会底层和边缘群体获得适足且低成本的住房。

在**孟加拉**，政府发起了"庇护"（Asrayon）、"回家"（Gharey Phera）和"一片宅地一座农场"（Ekti Bari Ekti Khamar）的计划来帮助农村的失地农民和无家可归者，以限制从孟加拉农村迁入城市的人口数量，并鼓励城市中的贫民区居住者回到他们自己的村庄并从事创收活动。在"庇护"计划中，政府在政府所有的土地上为失地家庭提供群居住宅和少量农田。在"回家"计划中，政府向从农村涌入城市中心的移民提供资金，使他们有能力返回村庄并在当地维持生计。这些计划都希望减少非法占用土地的问题和抑制城市贫民区的增长。同时，政府也通过孟加拉银行设立了住房基金（Grihayan Tahabil），为非政府组织提供住房贷款来为城市里的贫民建造住所。[129]

印度的住房与城市发展公司（HUDCO）被专门授权改善低收入群体和无家可归人员的住房条件。作为管理用于住房的公共资本的主要政府部门，住房与城市发展公司为州政府、住房机构和地方政府实施住房与城市发展计划提供财政支持。住房与城市发展公司通过多种计划提供住房。《人居议程》（Habitat Agenda）中推荐了其中许多种方式（见下一节3.2.3，对当前计划进行了全面回顾）。尽管做出了种种努力，所有的公共住房计划所做的贡献仅占不超过印度住房总量的16%，[130] 其中包括：

· 合作住房；

· 建房贷款；

· 为雇员提供的租赁住房；

· 重建与整治；

· 为流浪者和无家可归者提供的夜间收容所；

· 为工作的女性提供的建筑物区分所

有权（Condominium ownership）；

● 通过无政府组织（NGO）和社区组织（CBO）提供的住房；

● 通过私人部门提供的住房；

● 个人住房贷款。

在斯里兰卡，公共部门和私人部门正在实施几个住房计划，来为所有人提供适足且低成本的住房。政府直接帮助低收入家庭建造或整修他们的住房，并通过一系列财政措施来鼓励私人部门投资住房产业。国家住房开发局（National Housing Development Authority）、国家抵押贷款与投资银行（State Mortgage and Investment Bank）、住房开发金融公司（Housing Development Finance Corporation）、农业住房与社会福利基金会（Plantation Housing and Social Welfare Trust）以及渔业与水产资源部（Ministry of Fisheries and Aquatic Resources）是参与低收入住房供给的主要公共机构。公共住房计划的基本策略是支持一个自助体系，在这一体系中，国家住房开发局或其他组织将为每位受益人提供最多50000斯里兰卡卢比（452美元）的资助来帮助他们建造或整修自己的住宅。[131]

近年来，中国为其公民提供了大量的低成本住房。在20世纪90年代市场改革前，大多数城市家庭居住在由工作单位或市政府部门提供的职工住宅中。[132]之后政府发起了"安居工程"（1995年），建造住房并以经济合理的价格出售给低收入家庭，尤其是给那些住房不足甚至是没有住房的人（见下一节3.2.3中的扩展案例研究）。1998年，这一计划被调整并改名为"经济适用房"，它寻求通过减少土地价格、承包商利润、政府收费和居住面积来进一步降低房价。[133]2001年政府设立了住房公积金，来帮助家庭通过积蓄拥有住房，截至2003年，该计划已经帮助了240万家庭。[134]然而最为穷困的家庭，那些在20世纪90年代的体制改革中下岗的人或是流动人口，往往被这一旨在提供低成本住房的制度排除在外，他们需要忍受与大多数人相比非常差的居住条件。[135]

中国香港的首个公共住房计划在1954年开始实施，自此往后，政府一直强有力地参与住房市场。在2005年公共住房存量总计有110万套，包括出租公寓和待售的补助住房，这为大约半数的城市人口（340万人）提供了住房。这些住房单元包括的居住区由房屋委员会的"居者有其屋计划"（Home Ownership Scheme）、"中等收入住房计划"（Middle Income Housing Scheme）、住房协会的"住房发售计划"（Flat for Sale Scheme）、"夹心阶层住房计划"（Sandwich Class Housing Scheme）和"私人部门参建计划"（Private Sector Participation Scheme）进行建造。政府也曾经为公共和非公共的住房承租人提供不同形式的直接资金帮助，使他们能够购买自己的住房。[136]

在过去的25年间，菲律宾的政府介入方式一直是促进该国最穷困的50%人口的住房持有状况，其方式包括直接生产住房、为住房开发提供公共基金、帮助终端消费者融资（end-user financing），来吸引私人部门通过分散的参与式的方式生产"社会化"的住房。这增加了（各级）政府部门与私人部门在低收入住房项目中的合作投资。然而合资计划的情况仍取决于公共基金和隐形补贴，而这二者并非随时都有。[137]Phinma地产控股有限公司（Phinma Property Holdings Corporation），一家私营企业，是菲律宾大马尼拉地区（Metro Manila）在低成本的中高层住房领域居于领先地位的开发商。[138]

新加坡拥有最全面地通过直接住房建设进行国家干预的体系。2002年，据估算在330万国家总人口中有85%都居住在公共住房单元中，这些公共住房通过国家补助维持在大部分家庭有能力支付的价格范围之内。在这个总数中，96%的住房由居住者直接拥有，4%出租。这一公共住房计划基于补助性抵押贷款（subsidized mortgage finance），它通过利率的设置进行。这一计划的成功可以部分归功于新加坡经济的迅速增长——新加坡是全球经济增长最迅速的国家之一；同时，也应当归因于政府拥有这个国家85%的土地，因此获取土地并不成问题，尽管强制

征地的手段仍被使用。[139, 140]

不丹的城市住房计划仍然以公共部门的社会租赁房计划为主，并存在着尖锐的住房短缺问题。城市人口的迅速增长、土地可得性不足以及公共住房计划资金短缺，是住房问题愈加严重的主要原因。除了由人口增长导致的新住房需求的增长，许多现存的住房也由于年久失修和质量低下而急需翻新。至今，在为中低收入家庭提供低成本住房方面，政府所做的努力很少；同时，住房的缺乏也导致严重的拥挤问题。[141]

在**马来西亚**，多种多样的住房开发计划为增加住房建设作出了贡献。2001至2005年间的规划总体目标已超额达成。总计844043套住房已被建成，其中77.6%由私人部门建设，其余的由公共部门建设。在"中低价"住房方面，总计83910套住房（规划目标量的63.9%）已竣工。私人部门建造了其中的72.8%，表现出对这一类住房需求增长的积极回应，并且帮助降低了对低成本住房的需求。另一方面，在同一时期由私人部门建设的中高等价格住房的总量远远超过了规划目标，反映出对这一类住房的持续需求。[142]

在住房供给方面，西亚国家往往倾向于保持对住房供应的有力的政府介入，尤其在那些经济强劲以石油出口为支持的国家。例如在**沙特阿拉伯**和**阿联酋**，政府认为其有责任履行统治者与公民之间的社会契约为其提供住房。政府通过直接的建造计划将这一点付诸实施。这些计划主要由经过批准的承包商操作，土地配给带有很大折扣甚至是完全免费，并且提供无利息贷款。[143]政府已经在这些行动中投入大量财力，数以千计的住房已竣工。[144]

然而，这些制度在供给住房的效率方面受到了质疑。不仅由于住房贷款往往会鼓励人们建造超过他们实际需求的住房，[145]同时由于预期的贷款接受者通过在恶劣的住房环境中居住使他们的收益最大化而导致现有住房条件的进一步恶化，[146]同时房屋所有者发现他们的住房在与那些大幅打折的住房竞争时失去了原有价值。[147]此外，在**沙特阿拉伯**，私人出资的住房数量从1975年的74%减少至1990年的32%。[148]自那时起，住房贷款数量严重受到石油出口价格及其他事件如第一次海湾战争的影响。在炎热和高盐环境下的低劣的施工质量也导致了房屋耐久性较差，**阿联酋**许多家庭已抛弃了政府为他们建造的住房。[149]然而在**突尼斯**、**约旦**、**黎巴嫩**和**也门**，私人部门承担了约95%的住房建设。在**土耳其**，私人部门起主导作用，但政府生产了国家住房供应中约10%的住房。（专栏4）

上述这些来自亚洲各地的案例，强调了政府在一些亚洲国家提供适足且低成本的住房方面仍然起到重要作用。确实，在亚洲各城市中，公共住房仍然是贫困和低收入家庭能够获得适足且低成本的住房的唯一途径。

> **专栏3：斯里兰卡的低成本住房供给**
> **Box3: Affordable housing provision in Sri Lanka**

自1948年斯里兰卡独立以来，低成本住房的供给一直得到历任政府的优先关注。1977年，国家住房发展部成立，并负责通过为新的住房开发和整治计划提供长期补助贷款来执行并促进大规模住房计划，例如"十万住房计划"（One Hundred Thousand Housing Programme）和"百万住房计划"（One Million Housing Programme）以增加住房数量和住房拥有状况。

1994年，由于土地资源日益缺乏，政府的关注焦点从贫民区整治转移至一项将贫民区居住者重新安置到政府建造的高密度公寓的计划。2004年12月的印度洋海啸彻底摧毁了99480户住房，并部分损毁了约44290户住房，总计约占沿海行政区住房总量的13%。政府目前正致力于重建住房和社区。

资料来源：Sri Lanka, 2005; Ergüden and Precht, 2006.

3.2.3 对当前的大规模住房计划和政策的扩展案例研究

Extended case studies of current large-scale housing programmes and policies

3.2.3.1 印度在增加低成本住房供给方面的国家计划

National Indian programmes to increase affordable housing supply

印度正在经历亚洲最快速的城市化和人口增长，因此每天有数以千计的人迁入城市并因此需要寻求住房。为了应对这些物质及人口的变化，印度住房与城市扶贫部（MoHUPA）开发了若干个旨在增加低成本住房供给和改善现有贫民区条件的计划。他们雄心勃勃的目标是达成"为所有人提供低成本的住房和为所有贫民区居住者和城市贫民提供活力、庇护所和基本的服务"。

本扩展案例研究列出了印度住房与城市扶贫部的五个重点计划。本节的信息和数据来自以下来源：印度住房与城市扶贫部（MoHUPA, 2010）；印度城市发展部（Ministry of Urban Development of India, 2009）；Baindur and Kamath（2009）；Murali（2006）；和Tiwari, G.,Raghupathi, U. and Husain Ansari, J.（2007）。

贾瓦哈拉尔·尼赫鲁国家城市更新计划（JNNURM）

Jawabarlal Nebru National Urban Renewal Mission（JNNURM）

最具标志性的国家计划是贾瓦哈拉尔·尼赫鲁国家城市更新计划（JNNURM），一项开始于2006年为期六年的计划。该计划同时在国家和城市二个层面回应了对投资和政策改革的需求，来处理城市地区的物质环境问题，特别是住房、建筑遗产、基础设施和服务。该计划特别地关注了经济弱势群体（Economically Weaker Sections）和低收入群体（Lower Income Group）的需求。该

专栏4：土耳其国家住房建设管理局（TOKI）
Box4: The National Housing Development Administration of Turkey（TOKI）

土耳其国家住房建设管理局（TOKI）是土耳其住房部门中唯一负责为中低收入人群增加住房供给的公共实体。土耳其国家住房建设管理局的策略是基于这样一种认识：如果不能成规模的增加低成本住房的供给，现有贫民区将会扩张而新的贫民区将会形成。随着城市化的发展，许多家庭除了定居贫民区"简易棚屋"（gecekondu）外别无选择，这加剧了许多问题诸如城市排外现象（urban exclusion）、贫困、城市环境恶化，以及损失自然资源等。土耳其国家住房建设管理局提出的目标是：

- 为高质量的低成本住房创造一种示范性的框架；
- 防止在低端住房的建造中使用低质量材料的房地产投机行为；
- 为土耳其境内私人部门不活跃的地区生产住房；
- 为中低收入群体提供机会，使他们能够负担自己的住房。
- 提供农村住房的可能，以减少涌入城市的移民压力；
- 与地方市政府合作进行城市更新计划；
- 创造机会为社会住房项目提供资金支持，例如与私人部门合作的创新型收益共享计划。

土耳其国家住房建设管理局的目标是通过在其拥有的土地上开发中低收入住房，提供土耳其住房需求总量的5%到10%的住房。这项"社会性住房"计划的受益人支付首期付款后，即与银行达成一项低利率、长偿还期的贷款协议。这些政府主导的住房计划规模较大，主要为4至7层的多户住宅楼。

自2003年以来，土耳其国家住房建设管理局也开展了一个贫民区整治计划。该计划有两种策略：暂时性重新安置居住者，再将他们重新安置在（原地）新建的住房中；或是将他们重新安置在别处并将土地归还给土耳其国家住房建设管理局进行开发。土耳其国家住房建设管理局还拥有一种"收入共享模式"，在这种模式中，他们将土地给予私人开发商，开发商随后开发住房并将双方协商好的一部分利润还给住房建设管理局，住房建设管理局再将这部分利润投入低收入住房计划中。

截至2009年，土耳其国家住房建设管理局已建造了40万套住房，超过了他们建设35万套住房的七年目标。它们到2011年的新目标是在即将到来的这几年里建造50万套住房，并重点关注低收入家庭。私人部门仍然是住房供给和建设中的主导力量。2008年，私人部门生产了占总数81.9%的住

房，合作社建设了6.4%，而住房建设管理局建设了11.7%。

低成本性与资金限制

土耳其国家住房建设管理局开发的住宅对于低收入甚至很多中等收入家庭而言并不都是低成本的。房价太过昂贵，且这些家庭缺少获得贷款的机会。确实，Habitat International（2010：43）文中指出："在土耳其，问题并不在于住房太过于昂贵，而是住房贷款过于昂贵。因此，土耳其住房体系的最大缺口在于需求方，即帮助人们支付住房费用，而并非在于供给方，即降低房价。"

谁从隐性补助中获益的问题同样受到关注。似乎主要是中等收入工作者和公务员，而不是那些真正需要住房的贫民。同样，对于贫民区居住者的驱逐和重新安置也存在着问题。在2009年对伊斯坦布尔的一次行动中，强制驱逐顾问小组（AGFE）发现，由于人口迅速增长和社会不平等，以及将伊斯坦布尔变成一座"全球一流城市"的欲望，强制驱逐的行为也在伊斯坦布尔发生着。

此外，在2011年初，土耳其国家住房建设管理局承认住房的社会因素方面并没有被很好地解决，例如在被重新开发的地区的传统生活方式、文化和人口需求等。[150]

自2010年年中以来，土耳其国家住房建设管理局修改了工作方式，以在一些开发计划中特别安排低收入住房。这一工作通过严格的资格标准进行：符合条件的家庭的月收入不得超过2600土耳其里拉（1690美元）、不在其他地方拥有房产，且此前没有接受过住房建设管理局提供的住房。这些新住房计划的申请人数严重超额，已超过30000人（截至目前），而可提供的住房只有5641套。[151]

土耳其国家住房建设管理局的经验证明：低成本且可得的住房贷款非常重要。仅仅靠大规模建设成品住房是不够的，这些住房必须是低成本的。同时，低成本性部分也在于有适当的贷款机制支撑以使得家庭能够获得住房。和亚洲许多其他国家一样，土耳其亟需一个更好的住房贷款市场来刺激中低收入水平的住房生产。对于私人开发商而言，如果他们不能售出住房，那么他们就不会建设住房。因此需要潜在购房者能够获得的贷款来源以刺激各个收入水平的住房生产，尤其重要的是为低收入人群提供灵活的贷款机会。

土耳其的经验同时表明由政府直接供应住房所面临的挑战。必须执行有针对性且成熟的机制来触及低收入家庭，否则直接住房供应无法提供至低收入家庭，最终将演变成政府为中上等收入群体建设住房并提供补助。

资料来源：Ozsan and Karakas, 2005; Uzum et al, 2009; Habitat for Humanity International, 2010; Uzum, Cete, and Palancioglu, 2009; AGFE, 2009.

计划提出的目标是"增加城市中的社会与经济基础设施"，保障城市贫民的基本服务、包括保障在低成本价格范围内的保有权，发起全面的部门改革，以及加强地方政府的权力以实现权力分散。与低成本土地和住房供应相关的两个内容是"城市贫困人口基础服务"（Basic Services to the Urban Poor）和"住房和贫民区一体化发展计划"（Integrated Housing and Slum Development Programme，IHSDP）。

"城市贫困人口基础服务"关注65个印度主要城市中的贫民区的全面整治。它包括提供基本的城市服务、城市改善与重建计划、社区服务计划（例如水供给、厕所、浴室等）、低成本住房计划，以及街道照明工程。

"住房和贫民区一体化发展计划"主要关注的是提供新的低成本住房，以及在"城市贫困人口基础服务"计划未涵盖的城镇中的现有住房的改造。供应的新住房主要是在棕地上建造的典型的公寓式住房。每套住房的最高价格限定为10万印度卢比（2253美元），最低建筑面积定为25平方米，每套住房必须带有厨房和厕所。

这两个计划主要在各邦的层面进行管理与实施。它们包括准备城市发展规划、编制预算和计划定位、发放与调控资金，以及关注如何通过公私合作实现私人部门的参与。这些计划由国家政府出资支持，各联邦则需要贡献土地和资金，以及来自公私合作的杠杆基金（leverage funds）。

对于"城市贫困人口基础服务"和"住房和贫民区一体化发展计划"来说，其核心问题都是以改善大规模低成本住房供应为目的的城市政策改革。例如权力分散、房产税条例的改革、房租控制法令、颁布社区参与法（在市和邦层面），以及为城市贫民提供资金服务。按照印度国家城市住房与人居政策（National Indian Urban Housing and Habitat Policy, 2007），一项重要法规规定：每项公共或私人的住房开发项目中10%至15%的土地以及20%至25%的容积率必须留给经济弱势群体（EWS）或低收入群体（LIG）。

截至2010年12月31日，国家政府已通过"城市贫困人口基础服务"计划批准了1028503套住房，通过"住房和贫民区一体化发展计划"批准了515244套住房。截至同一时间，585255套"城市贫困人口基础服务"计划住房已竣工（或接近完工），253212套"住房和贫民区一体化发展计划"住房已竣工。这些都是令人瞩目的成就。

由于这些计划的发展和实施由各个邦主导，根据不同的邦的执政能力和改革意愿的不同，这些计划在各个邦也有不同情况和不同成功程度。安德拉邦（Andhra Pradesh）就是一个大力推行此计划的例子，并在其下属的32个城镇见到成果。该邦正优先考虑贫民区的在地改造，关注于保障所有居民的保有权。当贫民区位于不稳定或危险的地点时，政府将为重新安置计划提供土地。该邦按照尼赫鲁国家城市更新计划要求的改革，为城市贫民的住房准备了土地储备，同时采取了积极行动帮助大规模地供应经济、优质的建筑材料，这主要通过直接与制造商合作保障水泥与钢材处于一个恒定的、低于市场的价位，以保证其供应量能满足大规模建房需求，海德拉巴州立银行正在为所有尼赫鲁国家城市更新计划的受益者提供贷款，并通过提供变通的条款关注最贫穷的人群。该邦致力于为贫民区整治和新建住房计划按照经济的价格提供基础设施。

然而，尼赫鲁国家城市更新计划也面临着种种问题和挑战。有人批评这个计划，尤其是城市贫困人口基础服务是以贫民的利益为代价满足建筑行业的利益需求。一些报告认为，《城市土地限价与管理法》并没有被严格遵守，这影响了该计划为贫民提供住房的能力。开支往往被导向"大额"的基础设施计划而非低成本住房，因为前者更加显而

易见。另一个挑战是引入各邦政府来在邦的层面上实施和管理计划，因为他们不愿支持低成本住房市场并且缺乏解决贫民需求的政治意愿。另一个挑战是在城市边缘区和小城镇中实施这一计划，这些地区当前正经历着快速的城市化进程，但缺乏实施计划的机构管理能力。虽然这些问题仍待解决，尼赫鲁国家城市更新计划在解决印度的低成本住房问题上，以这个如此迅速的城市化的国家所需的巨大规模，已向前迈出了积极的一步。

印度住房与城市扶贫部的战略的一个重要部分是用其他四项与土地和住房相关的计划来对"尼赫鲁国家城市更新计划"进行补充，它们共同促进了"大规模"地提供低成本的土地与住房：

"拉吉夫城市住房工程"
（Rajiv Awas Yojana）

继"尼赫鲁国家城市更新计划"之后，在2009年后半年，印度国家政府又发起了"拉吉夫城市住房工程"（Rajiv Awas Yojana）来规范并整治贫民区以满足政府"无贫民区的印度"的愿景。这一计划的中心元素是贫民区常规化并处理城市土地短缺的问题，正是这一问题使得贫民凭借自己的经济条件无法获得住房，继而间接导致非正式贫民区的发展。

"低成本住房合作开发"
（Affordable Housing in Partnership）

2009年，"低成本住房合作开发"（Affordable Housing in Partnership）计划被提出，它寻求通过鼓励不同机构间的合作行为，为低收入阶层创造一百万套住房。这一计划包括中央政府为（低于80m^{2}的）住房提供基础设施补助。

"城市贫民住房利息补贴计划"
（Interest Subsidy Scheme for Housing the Urban Poor）

"城市贫民住房利息补贴计划"（Interest Subsidy Scheme for Housing the Urban Poor）发起于2009年初，其目标是增强城市贫民住

房贷款的能力。它为经济弱势群体（EWS）及低收入人群（LIG）提供数额少于10万印度卢比（2253美元）的贷款，提供最多15年的5%的贷款利息补助。

城市人力资源统计与评估
（Urban Statistics for HR and Assessments）

重要的一点是，印度已经意识到需要更为完善的住房市场监督机制，并设立了城市人力资源统计与评估（Urban Statistics for HR and Assessments）。这一计划由国家建筑组织（National Buildings Organisation）具体实施，其工作目标是建立有关住房和城市用地的全国性的统计数据库。同时，住房启动指数（Housing Start-up Index，HSUI）也作为工具来监测房地产业在国家与城市经济中发挥的作用。

由于所有这些计划都相对较新，它们在大规模供应低成本土地和住房上成功与否还有待验证。但就目前而言，这些计划的存在清晰地表明了国家层面对解决贫民区问题和增加面向全民的低成本住房的政治意愿，这无疑是向前迈出了积极的一步。

3.2.3.2 中国的国家住房计划——正在迅速成长的亚洲虎
National housing programmes in China, the rapidly growing Asian tiger

中国，意识到其城市化进程加速和城市经济不平等状况日趋严重所带来的挑战，已出台了三项主要的住房计划以保障面向全民的适足且低成本的住房。这些计划体现了在过去的三十年中中国住房产业的根本性转变——从中央计划体系转变为以市场为导向的住房体系。这些计划是基于私人住房产权原则、市场效率和国家作为市场推动者而非住房的直接提供者。这一扩展案例研究简要概述了这三个主要计划，其数据和信息来自下列来源：Wang and Murie（2000）；Huang（2004）；Ma（2002）；Smit and Purchase（2006）；Deng, Shen and Wang（2010）；Yang and Shen（2008）；Stephens（2010）。

经济适用房（ECH）

"经济适用房"计划（ECH）始于1995年开始的"安居工程"，其目标是帮助无力支付私有住房的中低收入家庭保障住房。这些住房大多数由私人开发商出于获得利润的目的建造并通过市场进行交易。所有住房都是为销售而开发，而非租赁。房价相对较低，因为地方政府为其免费或低价提供土地，并减少或免收开发费用。此外，地方政府控制销售价格，并将利润保持在3%。住房价格（每平方米）约为市场价格的50%至60%。

中国人口中相当大一部分符合经济适用房标准。自1998年以来，经济适用房计划已被定位为对70%至80%的城市人口开放。根据设想，高收入家庭（全国人口的10%至15%）将寻求更高质量的住房，而收入最低的部分家庭（10%至15%）将接受雇主或地方政府补助的租赁房。这样广泛的适用人群范围反映出经济适用房计划的目标是刺激经济增长，尤其在20世纪90年代后期亚洲金融危机过后。为大部分人口提供住房则是达成经济增长的一种方式。

这一计划无疑"大规模地"提供了住房，但其经济适用性正逐渐成为关注焦点。中低收入群体正逐渐变得无力购买经济适用房。而高收入家庭却在寻求经济适用房，这使得经济适用房的价格被抬升，同时也限制了中低收入家庭的购房机会。随着高收入家庭对住房标准提出更高的要求，主要是更大的户型面积，住房标准也在变化，即使每平方米价格（中国的常见衡量单位）保持不变，成套住房的价格也由于面积加大而增长。因此低收入家庭无法支付得起整套住房更高的总价。例如在北京，一套经济适用房的中位数价格已超过所有住房的平均价格。

为了解决高收入家庭普遍购买经济适用房的问题，政府进行了改革。2007年，政府规定经济适用房的建筑面积必须低于60平方米，且只能售予中低收入家庭。执行这些购房资格标准和开发标准是为了降低成套住房的总价，但由于开发商对地方政府进行了有力的游说，这些措施目前收效甚微。同样地方政府也存在相当的抵制，他们因为必须承担计划的大部分费用尤其是土地费用而负面地看待这一计划。他们通常不严格地落实限制，而且对家庭收入也没有准确地考察和追查。虽然近期的这些改革措施成功与否仍未可知，它们是一个积极的信号并体现了政府想要惠及低收入家庭。

住房公积金（HPF）

住房公积金计划自1991年开始试验并在1994年被最终确立为国家住房计划。这一计划以新加坡的"中央公积金"（Central Provident Fund）计划为模型，本质上是一项促进住房拥有率的住房存款计划。雇主与雇员分别向住房公积金账户支付一定比例的资金。雇员能够获得用于买房、改建或自建房的低利率贷款（通常比市场利率低1%）。因此，雇员或雇主通过存款在开放市场上购买住房，而非自己建房。理论上，公共部门和私营企业的雇员均需强制缴纳住房公积金（2002年以前，仅对公共部门的雇员）。这笔基金由中央控制决策制定、利率设定等，资金由中国中央银行掌握，而地方政府则负责贷款的日常运转。

住房公积金计划仍存在着低成本性和可得性的问题。由于这一计划建立在员工工资的基础上，雇主将为那些工资更高的员工支付更多的公积金。参加公积金的员工中只有25%获得了贷款。这一低比例是由于严格的贷款条款，实际审核贷款过程中的问题，和更加严苛的资格标准（信贷审核、收入来源及收入水平）。同时，由于贷款与收入挂钩，因此那些收入低的员工无法获得高额贷款，这对于低收入家庭是个挑战。此外，房价的持续增长几乎使低收入家庭无法拥有住房。住房公积金贷款一般约为住房总价格的一半，因此购买者必须自己承担近乎半数的购房金额，这对于许多家庭也是个挑战。由于全国收入差距的存在，不同地区和城市的雇员获得的雇主支付百分比和成员利率也有

图24：中国香港的高层住宅景观。
照片版权：联合国人居署/Matthew French
Figure 24: The High-rise housing landscape of Hong Kong.
Photo © UN-HABITAT/Matthew French

很大不同。

无论如何，就计划管理和政府支持度而言，住房公积金计划取得了显著成就。2006年和2007年的拖欠率仅为0.07%。同样，令政府部门引以为豪的是住房公积金的需求也相当可观。在2008年，全国共有7740万员工参加了这个计划，仅2005年至2008年间，储蓄基金的票面值已翻倍。

廉租房（CRH）

即使在近30年来的改革期间，中国在总体上仍然忽视了住房租赁市场，尤其是低收入人群的住房租赁。中国的政策和措施主要关注住房拥有率以及住房产业作为一种经济发展的手段。而廉租房计划是一项由政府补助的针对残障人士、低收入群体、弱势群体和老人的住房租赁计划。

这一计划最初提出是为了支持新建租赁住房和为现有租赁住房提供租赁补助，虽然新建租赁住房成为其中的主导。资金来自地方政府的几种不同机制，例如在住房公积金计划中获得的资本收益、年度预算拨款和其他地方性住房基金。由于地方政府不愿在市一级执行，廉租房计划发展缓慢。2006年一项新法律明确指出地方政府必须在廉租房计划中至少投入土地转让费用净收益的5%，但是由于缺乏强制措施，这一规定在实践中收效甚微。在1998至2006年间，这一计划生产的住房仅占同时期住房生产总量的1%。尽管如此，这仍是一个巨大的数字：迄今已有55万户低收入家庭从廉租房计划中受益。

中国政府认识到廉租房计划的挑战和扩大其规模的需求，并开始了一项雄心勃勃的计划：2009至2011年的廉租房保障计划（Cheap Rental Housing Guarantee Plan）。实施这一计划的部分原因是为了应对全球经济衰退导致的不利经济后果。该计划的目标是为750万户低收入家庭提供住所。其中四分之三的家庭将居住在新建住房中，而四分之一依靠租赁补助居住在现有住房中。该计划已制订出关于住房建设和受益人的详细年度目标，各省有自己的额度。中央政府已为补助廉租房建设计划增加了资金投入，同时规定土地转让费用和住房公积金计划资本收益的10%必须被用于廉租房计划。

面临的挑战与未来的方向

这三个中国住房计划表明：有了政治意愿、机构改革和各级政府的能力建设，面向大多数人的低成本住房是可以大规模提供的。在2003年，这些低成本住房构成了北京所有新售住房总量的23%。仅在包头和成都，已有60万人从这些举措中受益。[152]

尽管如此，对于中国的中低收入家庭来说，住房的低成本性仍是需要关注的问题。从1998年到2004年，北京房价每年增长25%，而可支配收入只增长了12%。[153] 全国的平均收入与平均房价比为7.8。在北京、上海这样的大城市，这一比值甚至更高（超过10）。Yang and Shen（2008）指出，并不是有效需求推动了房价增长，而是部分由于外国投资（据估计约占高端住房的13%），这"为房价膨胀提供了空间"。对于一个中低收入家庭来说，一套住房的首期付款需要花费15年时间才能存够，"因此首期付款的要求对于这些家庭来说意味着一种严重的额外障碍。"

在这三个计划中有一点是明确的：中国需要更好地整合中央政府和地方政府来为中低收入家庭住房供给扩大规模。首要的是需要地方政府有更强的意愿。中国的住房计划同样证明了认识到住房是国家与地方经济体系中不可或缺的一部分所带来的利益。它在促进经济增长和提高人民生活质量方面有着巨大潜力。在这个意义上，这些政策在建设住房和刺激经济增长方面无疑是成功的，但就为中低收入家庭提供住房而言，仍然需要做必要的改进。

3.2.4 住房计划受益者
Housing beneficiaries

低成本性是适足住房的一个关键性的组成因素。对其尤为重要的是政策、计划和计划是否成功地接触到它们针对的受益人群并使他们获益，而他们几乎总是低收入家庭。

正如在第一部分中解释的那样，自20世

纪70年代以来，世界银行和其他发展机构在许多亚洲国家针对低收入群体发展了许多用地、服务和贫民区改造计划。确实，**印度尼西亚**的"万隆改善计划"（Kampung Improvement Programme）表明，为低收入家庭提供对其有益的服务是可行的。当世界银行支持此计划时，"在46亿美元的总计划费用中，约有75%的计划收益中的40%直接给予了收入低于全国人均收入三分之一的人群。"[154] 然而其他计划并没有抵达它们针对的受益人群，这大部分归咎于低成本性的问题。目标受益人无法负担分期付款，这相当于他们25%至30%且经常不稳定的家庭收入。在很多案例中，他们的收入被用在他们认为更重要或紧急的需求上，[155] 比如健康和教育。

许多政府计划在抵达服务目标受益人——低收入家庭和城市中的穷困家庭——方面获得了不同程度的成功。一个值得注意的国家是**菲律宾**。菲律宾的经验证明了扶贫行动的积极作用。2007年，菲律宾宣布了自2001年以来住房产业的多种介入方式在帮助目标受益人方面取得的成就：

• 100项声明与行政命令为195475户家庭保障了保有权；

• 通过社区抵押贷款计划（Community Mortgage Programme）支持了7万7964户家庭拥有房产；

• 重新安置"北干线"（Northrail）计划的3万940户家庭和"南干线"（Southrail）计划（在大马尼拉地区）的8003户家庭；

• 通过其他直接住房供给计划为12万5603户家庭提供了协助；

• 菲律宾发展银行（Development Bank of the. Philippines）、住房发展双向基金（Home Development Mutual Fund）、菲律宾土地银行（Land Bank of the Philippines）、政府

图25：斯里兰卡科伦坡（Colombo）增长式住房的建设与改造。
照片版权：Suzi Mutter
Figure 25: Incremental house construction and improvement in Colombo, Sri Lanka.
Photo © Suzi Mutter

服务保险系统（Government Service Insurance System）和社会保障系统（Social Security System，SSS）共资助了323303套住房；

• 随着利率的降低、分期还款额的减少和偿还期的延长，低成本住房变得更易获得；

• 为170757套住房贷款提供零售和开发担保；

• 已为房地产开发商提供了869132张销售执照。[156]

3.2.5 合作住房，社区贫民区改造和"民间途径"
Co-operative housing, community slum upgrading and the 'people's process'

合作住房的方式近年来在亚洲很多国家都有增长的势头。合作住房的供应可以通过政府渠道或独立的方式获得。为了达到适足且低成本的住房的目标，住房合作社为其成员提供三项基本功能：

1. 住房合作社允许多个家庭汇聚资源用以获得和开发土地和住房；
2. 住房合作社帮助获得信贷；
3. 住房合作社使群体能够合力并降低建造成本。

在印度，合作住房运动遍布全国，并为住房供给作出了重要贡献。住房合作社的数量从1960年的5564个增长至1994年的72040个，几乎增长了15倍。据估计，住房合作社已建设70万套住房，另有80万套住房正处于不同建设阶段。由于住房合作社对于城市中的穷困家庭而言特别有用，政府在土地分配、信贷和其他补助方面给予其优待。

亚洲在社区引导型贫民区改造上引领着世界。这些改造计划，例如印度尼西亚的"万隆改善计划"（Kampung Improvement Programme）、泰国的"安心住房计划"（Baan

图26：在印度基础设施改善是贫民区改造项目的一部分。
照片版权：Maartje van Eerd
Figure 26: Infrastructure improvement as part of a wider slum upgrading programme in India.
Photo © Maartje van Eerd

亚洲的低成本土地和住房

Mankong)等,都证明通过各种不同利益相关者的参与,可以改善贫民区的环境、社会与经济等各个方面。[157, 158] 此类计划中的一个重要角色是社区,即居民自身,他们已证明了在表达自己的居住需求和优先考虑方面、在深化改造计划和方案方面以及在执行改造工作方面的能力。

这种以社区为中心的住房开发和居住区改造方式被称为"民间途径"(People's Process),并作为一种切实可行的住房开发机制在亚洲各地获得了广泛的认可与尊重。[159] 其关键原则是受益人需要积极参与对住房过程和产品的决策,而政府则通过技术指导、培训、法律支持、认证以及资金支持等起到扶持作用。[160, 161] 在蒙古的乌兰巴托,社区主导的葛尔地区(Ger Area)改造项目也通过"民间途径"的手段和方法得以运转,尤其是"社区发展委员会"(Community Development Councils, CDCs)的成立,它将与其他利益相关机构共同参与准备"社区行动计划"(Community Action Plans)。[162]

"民间途径"已被证明对灾后状况特别有益,例如在帮助恢复、培养和平建设精神和社区凝聚力方面,以及能够"产生一个操作方式使每个有需求的家庭建造一个基本的安居住所,并能够逐渐对其进行完善"。[163] 社区可以通过找出问题、社区行动计划和社区合约等几种手段来认清其需求和优先顺序,并以一种集体的、有前瞻性的方式解决他们的问题。

3.2.6 政府建造住房的转变
Transformations of government-built houses

政府所建住房的改造可以被比作在许多城市中最为正规开发的地区增添非正规的开发。它让住户参与到改造和/或扩建房屋的建造活动中,将住房消费者的角色转变为住房的生产者。它也以一种意外却也令人满意的方式让住户参与到对住房资产的投资中来。[165]

住房改造过程中的扩建标准通常是改造的住房至少在质量上与原住房相当。但是由于其未经统一规划而看似混乱的外表,可能会引起某些对城市面貌比对满足低收入人群需求更感兴趣的人群的不悦。由于更多的人迁入到新增加的空间,扩建后的社区密度必然要高于已有社区的规划密度,但是在各户的层面,扩建减轻了过度拥挤的问题。[166]

图27:在柬埔寨博雷凯伊拉(Borei Keila)3号共享地块上的女人们。
照片版权:Suzi Mutter
Figure 27: Women at Land Share Site 3, Borei Keila, Cambodia.
Photo © Suzi Mutter

控制模式和支持模式

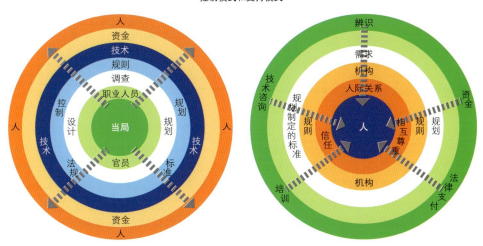

图28：主导了众多住房开发项目的"控制范式"，和在亚洲广泛使用的以人为开发核心的"支持范式"，即"民间途径"。
Figure 28: The 'control paradigm' that dominates much housing development contrasts the support paradigm, the 'People's Process', which is widely used in Asia and places people at the centre of development.

（资料来源：Lankatilleke, L. and Y. Todoroki, 2009）

只要被允许，不论是主动的还是被动的允许，改造都是一个普遍现象。改造的现象明显地遍布在发展中世界，包括孟加拉、印度、印度尼西亚、马来西亚和菲律宾。[167]

改造往往能在相当大的程度上增加居住人数——例如在孟加拉，改造使居住人数增加了48%，[168] 而在马来西亚增幅为33%到63%。[169] 虽然改造增加了扩建后住房的经济价值，新增空间的每个房间的出租价格却低于原来的房屋。因此，改造可以是一项提供低成本住房的非常高效的工具。地方政府需要通过保证服务设施的供应保持正常运转来

图29：在尼泊尔，人们在敷设水管。
照片版权：联合国人居署
Figure 29: Laying down of water pipes in Nepal.
Photo © UN–HABITAT

亚洲的低成本土地和住房

支持改造活动，也需要发展自身能力以应对空间大幅度的增加。

3.2.7 非政府组织的贡献
The contribution of NGOs

发展中世界越来越多的人口的边缘化和日益增加的贫困从根本上改变了非政府组织（NGOs）在开发过程中的角色。近年来非政府组织作为适足且低成本的住房供给中的重要参与方的出现尤其值得重视。尽管没有全面数据显示参与全球住房供给的非政府组织的数量，但保守估计为数千个。某些组织，例如贫民区居住者国际联盟（Slum Dwellers International，SDI），以国际伞状组织的形式运转并协调地区、国家和地方层面的活动。其中几乎40%的组织是全球或地区网络的成员，这些网络促进各组织在执行《人居议程》、适足且低成本的住房、性别、政府管理和其他城市问题等方面的合作。[170]

在一些国家，非政府组织是低成本住房产业中的主要参与者。例如在**印度**，非政府组织是确保适足住房与基础设施（尤其是对于女性）可得性的关键参与者。它们将潜在的受益人集合在一起，告知他们拥有的权利，协助建立社区组织，为其利益奔走游说，促进群体内社区关系网的建立，有时甚至是基础设施和住房的开发者。

一些国际非政府组织参与了低成本住房的供给，其中主要的一个组织是"仁人家园"（HfH）。在亚洲，"仁人家园"每年提供约14000套住房。[171] 国际"非政府组织实践行动"（先前的"中间技术开发集团"（Intermediate Technology Development Group，ITDG））一直致力于通过一种整合的住房开发方式促进适足且低成本的住房的供应。[172, 173] 然而，目前通过这种方式提供的低成本住房的数量与亚洲国家（**孟加拉、印度、尼泊尔和斯里兰卡**）的需求相比仍是微不足道的。

3.2.8 建筑材料、建筑产业和建筑法规
Building materials, the construction industry, and building regulations

一般来说，建筑材料是住房建设中最大的一项有形投入，最高可以占到一幢民用房屋总价值的80%。[174]

简而言之，如果建筑材料成本与其他商

> **专栏5: 泰国：低成本住房举措中的社区参与**
> **Box5: Thailand: Community involvement in affordable housing initiatives**
>
> 1992年，泰国政府在曼谷建立了"城市社区发展办公室"（Urban Community Development Office）。这一机构的成立是为社区群体改造其现有居民点和住处或建造新居民点提供贷款和技术支持。它的目标是纳入一系列广泛的参与者（社区群体、政府部门、私人参与者等），通过创造更强大的网络体系和合作关系，为低收入群体的住房条件做出积极的改变。
>
> 在2000年成立了"社区组织发展协会"（Community Organisations Development Institute）。这一机构的设立建立在"城市社区发展办公室"模型的基础上，但为了解决全国范围的需求扩大了其规模。"社区组织发展协会"的一项核心计划是安心住房计划（Baan Mankong），义译为"保障住房"。这一计划的目标是通过与一系列广泛的参与者合作（包括居民）来改造非正规居民点并解决保有权缺乏保障的问题。通常通过长期租赁或是集体土地所有的方式可以实现土地的合法化。
>
> 这些成果令人印象深刻。"安心住房计划"成为一个社区支持贫民区改造带来大量机会的范例。截至2011年1月，1546个社区参与到此计划中，其中包括超过9万户家庭，计划最高预算逾1亿6000万美元。
>
> 类似改造计划的创新性在于其解决低成本住房问题的方式。这些计划既不是直接的政府住房供应（"现成的"，随时入住的现房），也不是完全由居民自主独立建设。居民保留对住房建设决定权的控制，而政府，"社区组织发展协会"，则直接为居民提供补助："居民自己决定雇佣谁和与谁合作"。[164]这种方式的结果是住房的成本低于随时入住的住房，但又比增长式自建房的周期短。还为社区提供技术升级的机会，就像在"安心住房计划"中居民组成了建造小组、合作社以及社区公会（Chang Chumchon）。这些建造小组的角色各有不同：有时负责整体住房建造、有时只提供劳动力、有时则只为开发中某一方面提供技术顾问。
>
> 资料来源：Boonyabancha, 2005; www.achr.net/baan_mankong.htm.

图30：在印度尼西亚，一家人正在享受他们新建的标准住房。
照片版权：联合国人居署
Figure 30: A family enjoying their newly constructed kitset house, Indonesia.
Photo © UN-HABITAT

品平均价格相对加倍，那么一户家庭为支付建筑材料成本而需要工作的年限也将同样加倍。[175]

住房之所以对于亚洲城市中的大部分贫民来说支付不起，主要原因是两项关键投入的高成本——土地和建筑材料。前者的问题是特殊的土地法规增加了开发成本（例如在巴基斯坦：见专栏6）。后者的问题的出现是由于许多中央或地方政府坚持使用常规的建筑材料和建筑技术。这些是建筑规范和法律中所规定的，其中很多是殖民时代的遗留产物或是从国外引进的。这些标准和法规阻

图31：在亚洲各地，许多非正规的建筑材料提供商为增长式自建住房提供了必要的建造投入。
照片版权：联合国人居署
Figure 31: Throughout Asia, informal building material suppliers provide many of the necessary construction inputs for incremental self-build houses.
Photo © UN-HABITAT

碍了更适合、更易得的当地建筑材料的使用，同时也阻碍了高性价比、环境友好的建筑技术的使用。[176]

建筑产业的效率，即以低成本的价格提供足够数量住房的能力，是住房产业表现的关键决定因素。在亚洲许多国家，例如在尼泊尔，当地的建筑材料工业有许多缺陷，如低产量导致的材料紧缺和价格膨胀，以及没有能力增加多元化的新产品生产线。[177]造成此情况的主要原因之一是技术能力差，尤其是在小规模生产部门。许多高房价收入比的城市每平方米住房的建造成本也较高。[178]

《人居议程》呼吁各国政府鼓励建筑材料的生产和分配，包括加强发展就地取材的本地建筑材料工业。《人居议程》同时呼吁发展环境友好的和低成本的建造方法。《人居议程》也进一步呼吁，"在适当条件下，基于工程、建筑和规划实践，当地条件及管理便利和（采取）绩效标准，对建筑规范和法规进行审查和修订"。

3.2.9 公共住房的私有化
Privatisation of public housing

（政府所有的）公共住房的私有化常见于许多亚洲国家的住房政策。私有化的实现主要通过将住房转让给原有住户（免费、通过凭证，或以象征性的价格出售），并体现了"扶持策略"（enabling strategies）和市场自由化的过程，正如在1.2节中的讨论。在亚洲不同国家，这些政策的执行进度也各不相同并且它们大大降低了公共住房总量。

通过公共住房私有化，**中国**目前已成为全球住房自有率最高的国家之一，并且许多中国城市正在努力寻求一种以发展低成本住房为目标以住房自有为导向的公共政策。[179]在济南，一个有150万人口的中国东部城市，公共住房的出售始于1994年。从最初缓慢的起步到更为有力的法律条款的出台，到1990年代末，80%的公共住房已实现私有化。[180]总体而言，亚洲公共住房的私有化和

> **专栏6：住房设计与规划对满足规范和降低造价很重要：来自巴基斯坦的经验。**
> Box6: The importance of housing design and planning to match planning regulations and reduce costs: experiences from Pakistan

在亚洲，为贫民提供住房的一种通常方式是将居住于贫民区的家庭重新安置到新建的多层公寓楼中，这些公寓楼通常位于城市边缘。此种方法的合理性建立在这样一种基础上，即为了符合当地规划法规，城市地区达到合适居住密度的唯一方式是建造多层公寓楼。私人土地上的住房被认为是密度偏低且不符合地方规划法规。

来自巴基斯坦卡拉奇（Karachi）的一项刚刚完成的概念性研究对这种普遍认同的观点提出了质疑。它强调利用联排住宅建筑类型，能够达到与地方性规划法规规定的居住密度相近甚至更高的密度。就居住区设计和住宅设计而言，这一研究强调了探索与当地条件和限制相适应的设计方法的重要性，而不是完成一项住宅设计后在整个城市或国家中重复这种模式。

这一经验同时证明了建筑和居住区法规能够提高住房低成本性的机会。例如，在库达–奇–巴斯提（KhudaKi Basti），通过将地块尺寸降低至规范的最小值，（但这一尺寸仍是舒适的并能容纳各种家庭活动），这一地块的费用就从525美元降低至308美元，降低了41%。这同样将每个地块的基础设施建设费用（水、排污和道路）降低了44%，这也降低了每套住房的总价。

虽然尽可能大的地块面积是大多数城市家庭（不论贫富）所期望的，但事实是为了提高住房的低成本性，尤其是在低端市场，开发费用必须降低。修改规划法规促进大规模地提供每个家庭低成本的土地，是提高低成本住房供应的一项重要内容。建筑与规划法规在决定住房低成本性方面扮演着至关重要的角色。通常，很多城市有着过时的或不适宜的设计标准和规范，这些都增加了土地和住房供给的成本。通常规范中对用地规模的设定过大，这导致了购买地块和为地块配套基础设施的费用高昂。

正如巴基斯坦的经验所表明的，修改建筑标准和规范，例如用地面积的最小值或建筑高度的限制，不仅能够降低新开发住房的成本，也允许对已有的非正规区域进行在地整治，这主要通过最近采用的更为灵活的法规使这种正规化成为可能。

资料来源：Hasan, Sadiq and Ahmed, 2010.

多项废除租赁管制的法律改革，已降低了许多亚洲国家的低成本租赁房的比例。[181]

3.2.10 公私合作制（PPP）
Public Private Partnerships

在许多发展中国家，在向市场引导的经济体制的范式转变中，公共与私人部门开始密切结合，相关政策也产生了新的制度安排（institutional arrangement）类型。尤其在印度，公共和私人部门之间的新型合作方式有效地替代了传统的公共住房供给方式。

在印度，加尔各答（Kolkata）一直走在住房市场复兴的前沿，是实行公私合作制（public private partnership，PPP）模式的先驱者。这种模式在全国范围内被认为获得了高度成功。[182, 183] 这种合作关系建立在合资模型的基础上，合作的公共部门参与入股，其投入股份根据项目中的社会住房情况大约在11%至49.5%间。截止至2004年，自1993年政策实施以来，已有3554套住房交付给公众，另有3000套住房尚在建设中，[184] 这相当于平均年产近500套住宅。然而其总住房产量仅占城市年平均住房需求量的百分之零点五左右。[185]

印度其他各邦也通过各自不同的运作原则和方式，取得了不同程度的成功。例如，哈里亚那邦要求私人开发商将总用地中的20%分配给经济弱势群体（EWS），而后才能获得居住用地的开发执照。在公寓住宅方面，必须将项目批准的公寓总套数中的15%按照政府规定的价格以抽签的方式分配给经济弱势家庭。[186] 马哈拉施特拉邦住房与区域发展局（Maharashtra Housing and Area Development Authority）批准包括至少60%的经济弱势群体公寓的项目，允许在通常容积率（Floor space index, FSI）的基础上增加20%。

3.2.11 融资机制
Financing mechanisms

低成本性并不仅仅指住房的价格，它也与住房贷款的可得性和成本密切相关，正如专栏4中土耳其的案例所表明的。在亚洲，只有少部分人能够支付正规住房及其相关费用。在收入非常低的条件下，大额贷款带来的高成本意味着通过传统的住房贷款形式惠及低收入群体——面向低收入消费者的

图32：承重的砌块结构在中亚和西亚大部分国家很常见，并能较好地适应气候与当地可得的资源。
照片版权：联合国人居署
Figure 32: Load-bearing masonry construction is common in most Central and Western Asian countries, and is typically well suited to the climate and local resource availability.
Photo © UN-HABITAT

亚洲的低成本土地和住房

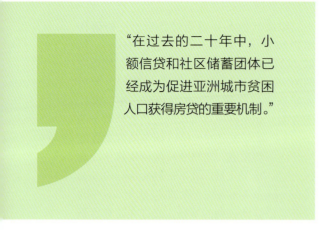

"在过去的二十年中，小额信贷和社区储蓄团体已经成为促进亚洲城市贫困人口获得房贷的重要机制。"

营销（down-marketing）——的潜能是有限的。[187] 在亚洲各地，有一系列创新的住房贷款方式：从中国的新型政府贷款补助，到菲律宾（专栏8）长期以来实行的社区引导型住房贷款计划，例如"社区抵押贷款计划"（Community Mortgage Programme，CMP），以及孟加拉的乡村银行（Grameen Bank）的小额信贷（专栏9）。

新加坡的"中央公积金"制度（Central Provident Fund，CPF）除了直接生产住房外，还通过提供储蓄奖励支持家庭进行住房储蓄。工人将月收入的一部分（比例视年龄而定）投入该基金中，然后政府通过免除中央公积金的税收并保证中央公积金储蓄的支付。住房可以通过两种计划进行购买："公共住房计划"（Public Housing Scheme）和"居住地产计划"（Residential PropertiesScheme）。[188] "中央公积金"制度是一种高度成功的住房贷款方式，在21岁及以上的雇员中有95%拥有由中央公积金建造的住房。

中国的经济高度发展刺激了中高收入阶层对城市住房市场的投资，然而这也对低收入家庭造成了低成本性问题。为了使后者能够顺利进入住房交易市场，中国引入了股权（Equity grants）机制。在这个过程中，土地仍然是国家财产，开发商通过拍卖获得土地租赁契约为所有者建造低成本住房。居住在贫民区或低标准住房中的低收入家庭能够获得一次性股权，开发商则获得财政激励在一个协商好的价格区间内完成住房建造。在过去的五年中，已有超过两千万套住房通过这种方式建成。[189] 中国也通过贷款补助的方式使得最低收入群体可以负担得起住房，例如前文所述的住房公积金利率补助，以及政府政策：《城镇最低收入家庭廉租住房管理办法》。[190]

泰国政府住房银行（The Government Housing Bank of Thailand，GHB）建立于1953年，目标是为住房开发商和潜在购房者提供贷款，尤其是那些处于市场低端的人群。尽管政府住房银行是一家公共机构，但它在运作方式上是完全商业化的。由于政府住房银行已大大提高了其运作效率，并有着充足的资金和降低的管理成本使其能够提供低利率贷款和改良的贷款条件。

在2000至2008年间，泰国经济以每年高于8%的速率增长。由于公共住房变得更为普遍，迫使私人部门降低了住房的价格，这使得住房对于大部分人都支付得起。这也鼓励了住房开发商将目标定位在中低收入群体，并为泰国私人部门的住房生产带来了一个面向低端市场的趋势。私人住房市场也迅速有力地发展了其运作方式，并提供了市场最低的贷款利率，这挑战了其他金融机构，迫使其降低利率以参与竞争。由于自有住房对最低收入群体来说仍然是负担不起的，政府住房银行也为开发商建造低收入租赁公寓提供资金资助。[191]

1997年，孟加拉政府在全国范围内引入一项贷款计划——"住房基金"（the Housing Fund），目的是通过为建造安全耐久的住房提供贷款来提高低收入人群的生活质量。虽然这是一个相对较小的计划，"住房基金"仍然通过与非政府组织合作为低收入家庭提供住房贷款以帮助其建造，同样也通过执行机构和非政府组织提供小额信贷来帮助其增加收入。"住房基金"的目标受众是农村穷困人口、失地人口、小农和边缘农民，以及因为灾害失去家园的家庭。[192]

小额信贷和社区储蓄团体
Microfinance and community savings groups

在过去的二十年中，小额信贷和社区储蓄团体成为帮助亚洲城市贫民获得住房贷款机会的重要机制。小额信贷机构（Microfinance Institutions, MFIs）正在寻找多种方式来克服其规模扩大过程中的主要障碍——资金短缺。大多数小额信贷机构使用多种融资策略和业务，如表6所示。其中包括储蓄存款、商业贷款机构、国家资金、基金会资金、捐赠资金、国际资金和内部交叉补助（例如更高的小企业贷款利率）。

社区主导基础设施信贷工具（Community-led Infrastructure Finance Facility，CLIFF）为城市贫民开展贫民区发展计划提供贷款，其目的是影响政策、实践，复制并扩大项目。社区主导基础设施信贷工具目前在印度支持15个项目，其中10个是住房项目，5个是卫生项目。[193] 其中一个项目是与为促进地区资源中心（SPARC）和尼曼社区开发公司（SSNS）合作的（专栏7）。这些项目包括建造超过5300套新住房和429个卫生站，跨越三个邦中的六个城市。

据估计，有415000户家庭——200万至300万贫民区居民——预计将从社区主导基础设施信贷工具中获益，这显示了社区引导的方式如何能够为城市贫民甚至整个城市服务。经过证明的相关因素包括设计、建造过程和质量、维护和成本回收。其中成本回收的来源相当广泛，例如开发权转让

表6：亚洲的五个主要小额贷款机构
Table 6: Five major microfinance institutions in Asia

小额贷款机构	产品描述和贷款期限	融资策略	其他业务
私营妇女协会（SEWA）银行，印度	300美元 5年	强制储蓄 捐赠资金 基金会资金 公共资金	• 来自小企业贷款项目（住房贷款利率较低）的交叉补助 • 担保人 • 女性借款人 • 咨询与借款人培训
为促进地区资源中心（SPARC），印度	与小企业贷款无明显分别（无确切数字）	强制储蓄 捐赠资金 基金会资金 银行资金/合作 公共资金	• 团体贷款 • 女性借款人 • 咨询与借款人培训
农业与农村发展中心（CARD），菲律宾	350美元 12-20个月	强制储蓄 捐赠资金 存款 基金会资金 银行资金/合作 信用增强	• 团体贷款 • 女性借款人 • 咨询与借款人培训 • 贷款历史记录（先前的小企业贷款）
印度尼西亚人民银行（BRI），印度尼西亚	最高5500美元 3-36个月	存款	• 来自小企业贷款项目的交叉补助 • 贷款历史记录（先前的小企业贷款）
乡村银行（Grameen），孟加拉	600美元 10年	强制储蓄 捐赠资金 基金会资金 存款 国际投资者/国际金融公司	• 来自小企业贷款项目的交叉补助 • 女性借款人 • 咨询与借款人培训 • 贷款历史记录（先前的小企业贷款）

表7：亚洲13个国家的社区储蓄团体
Table 7: Community savings groups in 13 Asian countries

国家	储蓄				资金	
	城镇数量	成员数量	团体数量	总储蓄金额（美元）	有多少城市？	是否国家资金？
柬埔寨	24	24,733	524	638,165	14	是（UPDF）
尼泊尔	11	11,264	471	2,285,714	3	否
韩国	2	138	5	35,100	目前没有	否
缅甸	8个镇	4,359	54	48,646	1	否
印度尼西亚	5	1,607	128	9,666	1	否
菲律宾	33	25,991	1,837	2,162,239	8	是
越南	12	33,657	1,561	1,788,345	9	否
斯里兰卡	250个城/镇（妇女合作社）	65,000	6,500	13,513,500	6	是（clapnet）
	130个城/镇	52,633	8,016	20,000,000	1	否
蒙古	13	1,980	180	45,793	10	是（UDRC）
泰国	274	91,758	1,500	1,674,056	31	是（CODI）
斐济	5	25,000	2,500	97,000	0	否
印度	2（Bhuj和Leh）	323	20	7,825	0	否
	56（Mahila Milan/SPARC）*	75,000*	1,170	850,000	0	是（SPARC Nirman）
老挝	523个村	104,803	532	12,584,000	22个区	是（LWU fund）
13个亚洲国家	1,379个城/区/镇	518,246 储蓄成员	24,998 储蓄团体	社区储蓄共5600万美元	107城/区有城市基金	7个国家有国家基金

资料来源：亚洲住房权联盟（ACHR）（2011）2011年1月至3月电子报。www.achr.net, P.3.
Source: Asian coalition of Housing Rights (ACHR)(2011) e-news, January March 2011. www.achr.net, P.3.
注：为促进地区资源中心协会仅保留其75万名成员中约10%的人的贷款数据。因此此处数值仅包括那些有记录的储蓄者，而实际数量可能会高得多。

（Transferable Development Rights，TDR）、居住单元的销售、中央和地方政府的补助，以及社区。十个住房项目中的大部分将近完工，这意味着数以百计的家庭将很快能够获得适足且低成本的住房。[194]

民间的社区储蓄团体已经在亚洲作为一种驱动力量出现。它们通常在非正规居住区或低收入地区运作，那里的居民在合作增强储蓄能力和资金积累的过程中尝到了甜头。虽然社区储蓄团体有诸多变化形式，但其关键前提是贫民应当自己控制资金资源，这使得他们能够掌握决策权并为自己的居住需求和期望而行动。[195]

储蓄团体的成员在集体账户中储存一定金额，可以在所需时从账户中取款。储蓄团体也可以使用这一资金库来为更重要的活动提供资金保障，例如住房建设。第一步是要提高储蓄和信用能力。在此基础上，储蓄团体可以运作以获得更多资金（开发资金），这可以大大加快行动的速度，特别是与增长缓慢的个人储蓄能做的事情相比。

在亚洲，这些储蓄团体分布的地理范

> **专栏7：为促进地区资源中心（SPARC），尼曼社区开发公司（SSNS）与社区主导基础设施信贷工具（CLIFF）：印度的融资与社区引导型住房开发项目。**
> Box7: SPARC, SSNS and CLIFF: financing and community—led housing development in India

为促进地区资源中心（SPARC）有一个分部叫做尼曼社区开发公司（SSNS），是一个在资金和技术方面帮助社区住房开发与建设的姐妹非政府组织。住房计划的贷款途径是社区主导基础设施信贷工具（CLIFF）。社区主导基础设施信贷工具开始于2000年，并由国际无家可归者组织（Homeless International）资助。该计划以循环基金的方式运作，为技术援助和项目融资提供贷款，并为来自商业银行的贷款提供认购担保。

尼曼社区开发公司的目标是改善制度安排，为贫民提供与政府协商的机会并最终建造自己的住房。虽然目前其项目规模都不大，但尼曼社区开发公司的一些住房项目已经显示出"扩大规模"的迹象，例如奥西瓦拉（Oshiwara）再安置计划的第二阶段，它有一幢供许多家庭的多层住宅。

通过与社区主导基础设施信贷工具合作，尼曼社区开发公司直接获得了资本和金融资金，而不依赖于政府资金。这些资金被用于居住区的整治提升和住房改善。这样的机制是亚洲新兴发展趋势所特有的，城市中的贫民组织与市政府或权力部门合作，在外部资金的支持下制订和实施计划，但城市贫民在此过程中一直保持控制权。

资料来源：Cities Alliance（no date）；SPARC（2009）.

> **专栏8：菲律宾：社区抵押贷款计划（CMP）。**
> Box8: Philippines: Community Mortgage Programme（CMP）

社区抵押贷款计划（CMP）是一项创新型的、政府出资的扶贫住房贷款计划。其关键特征是由城市中的贫民自己发起和发展项目，因此与传统的政府住房计划相比，它集体所有和集体开发的规模更大。社区抵押贷款计划由国家住房抵押贷款公司（National Home Mortgage Finance Corporation）在1988年8月发起，主要是作为一个住房分配和解决居住区整治提升需求（在土地所有者与土地占用者之间进行协商）的计划。

社区抵押贷款计划可以被看成一种小额信贷形式，但同时也是一种住房整治提升及采购方式。它关注保障低收入阶层住房所有权和保有权的问题。社区协会是计划的主要执行者。它们收集汇款、偿还贷款，并实施制裁和处罚。贷款被提供给购买地块和建设住房。

从1993年到1998年，"在所有完工的'国家居住计划'（nationalshelter program）提供的住房中，由社区抵押贷款计划完成的占60%"。（Mitlin, 2010:1）社区各界广泛认为这一计划成功地惠及了低收入家庭。然而，其主要挑战是贷款回收率只有大约75%。这虽然比亚洲的其他计划还要高一些，但应该还有提升空间。此外，执行社区抵押贷款计划是相当费时的，而且在实践中还面临土地价格增长和土地拥有者不愿出售土地的挑战。

资料来源：Lee, 1995; Cacnia, 2001; UN–HABITAT, 2009; Mitlin, 2010.

围和规模都相当可观（表7）。就总储蓄金额而言，最多的国家是斯里兰卡（3350万美元）、老挝（1250万美元）、尼泊尔（220万美元）。就成员数量来说，拥有最多成员的是**印度**（75万）、斯里兰卡（11万7633）和**老挝**（10万4803）。有六个国家的社区储蓄团体获得了国家的开发基金：**柬埔寨、斯里兰卡、蒙古、泰国、印度和老挝**。

伊斯兰国家的住房资金尚处于欠发达状况，但其在提高地区住房低成本性方面的潜力是巨大的。在**巴基斯坦**，"穆沙拉卡"（musharakah）是一种受欢迎的伊斯兰住房贷款方式，它建立在一种余额递减/产权共享的合作方式上。在选择一套住房后，准业主（消费者）即与银行达成一项协议，由银行购买房产并将它回租给购房者。而后，购房者（逐步）购买部分产权，最终完全购买这一金融资产并且拥有唯一的财产所有权。这对于银行来说风险较低并且为购房家庭降低了首付款要求，而首付款往往是最为主要的住房信贷障碍。**巴基斯坦**的伊斯兰按揭贷款仅在2007年12月至2009年3月间就增长了43%。孟加拉由于有主要银行如孟加拉伊斯兰银行（the IslamicBank of Bangladesh,

IBBL）的参与也呈现出类似的良好势头。[196]

汇款
Remittances

汇款——将一个外国工作者的收入转移至他或她的祖国或原籍国——这笔钱通过帮助家庭购买或改造住房，能够对土地和住房市场造成巨大的影响。在过去的几十年中，汇款的规模逐渐增加，目前已成为进入发展中国家最大的资金流之一。世界银行注意到：

"据估计，2007年全球范围的汇款流已超过3180亿美元，而发展中国家接收了其中的2400亿。而真实数据，包括没有记录在内的通过正规或非正规渠道流动的资金，远远大于这一数字。被记录的汇款金额已经是政府官方援助的两倍多，相当于流入发展中国家的外商直接投资（Foreign DirectInvestment, FDI）的三分之二。"[197]

图31表明，在所有发展中国家，流入的汇款金额远远大于流出的金额。在拉丁美洲、加勒比地区以及南亚地区，情况尤其如此，流入资金大约为流出资金的20倍以上。在东亚及太平洋地区和拉丁美洲及加勒比地区的发展中国家构成了最大的内向汇款流：2007年汇款金额分别为580亿和599亿美元。撒哈拉以南的非洲地区则是汇进和流出最少的地区，分别为108亿和29亿美元。

2007年，接收汇款金额最高的五个国家中有三个位于亚洲（以"美元"为单位）：印度，第一（270亿）；中国，第二（257亿）；菲律宾，第四（170亿）。在亚洲，接收汇款金额排在这三个国家之后的依次是：孟加拉、巴基斯坦和越南（分别为64亿、61亿和60亿）。紧接着是越南50亿，泰国次之17亿。[198] 就汇款金额占国家GDP的百分比而言，亚洲前五名的国家是：尼泊尔，汇款金额相当于其GDP的18.0%；菲律宾则是13.0%；孟加拉、斯里兰卡和越南分别是8.8%、8.7%、7.9%。[199] 汇出金额最大的五个国家是美国（422亿），沙特阿拉伯（150亿），瑞士（138亿），德国（123亿）和俄罗斯联邦（114亿）。

印度和中国的汇进不仅是所有国家中最多的，而且在过去的七年中也是稳步增长。2000年至2007年间，中国的汇进金额从60亿美元增加至250亿美元，印度在同一时期从120亿美元增加到270亿美元。印度的汇进在GDP中占有相当大的比重，2.8%，而相对的中国汇进只占0.9%。[200]

总体而言，汇款是地区和国家住房部门在住房信贷方面的一个重要部分。虽然缺乏关于汇款与土地、住房问题关联度的参考数据，但经验和事实依据已经提示我们：汇款确实可用于住房改善、新建住房、还清现有住房贷款（抵押贷款），以及投资新的居住房产。

> **专栏9：孟加拉乡村银行（Grameen）**
> **Box9: The Grameen Bank in Bangladesh**
>
> 孟加拉乡村银行是亚洲（如果不是全世界的话）最为著名的小额信贷先驱机构。孟加拉乡村银行成立于1976年，旨在以极低的贷款利率为优惠条件向家庭提供小额信贷。2009年，它的总收入为2亿900万美元。其成功受到广泛认可，因为它的贷款违约率相当低、能够保持较低的贷款利率和灵活的借款条件，并且它不依赖于国际捐赠资金或国家政府的资金，因此它完全是自给自足的。
>
> 1984年，该银行引入了住房贷款。对于低收入家庭来说，这是相当吸引人的，因此贷款需求居高不下。贷款期限为五年，每周还款，利率固定在8%。在2010年2月至2011年1月间，共计有7215套住房利用贷款完成了建设，贷款金额共计116万美元。这些住房简朴但耐涝，这一点很适用于孟加拉河三角洲的地理条件。有了贷款，一个家庭可以购买一套标准房屋：四根预制混凝土柱子、一块卫生夹层板（sanitary slab）、26块波纹铁屋面板（corrugated iron roof）和墙板，并由购房者自己建造。目前，已有1亿3000万美元被用于住房贷款。投资以借款人的名义进行，96%的情况为女性。
>
> 资料来源：Norton, 1990; http://www.grameen-info.org/index.

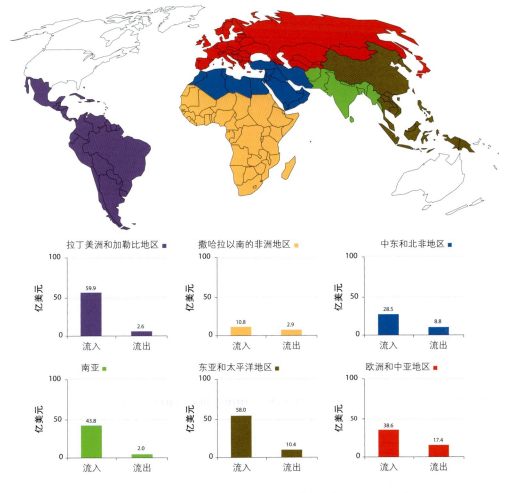

注：资金流入采用2006年数据，资金流出采用2007年数据。均基于世界银行分析使用的地区划分。

图33：各地区发展中国家汇款资金流入与流出情况，2007（流入）和2006（流出）。
（资料来源：The World Bank, 2008）

Figure 33: Inward and outward remittance flows in developing countries according to region, 2007（Inward）and 2006（Outward）.

> 专栏10：《人类住区信贷体系》丛书。
> Box10: Human Settlements Finance Systems series

受到篇幅和关注地区的限制，要在本书中对亚洲每个国家的住房贷款体系的特性做深入彻底的探讨是不可能的。然而，联合国人居署正在发行的一系列丛书，《人类住区信贷体系》，针对各国特有的住房贷款体系进行了分析与回顾。

该丛书的每一卷都对住房贷款进行了多方面的仔细探究，包括法律与规范框架、房产和土地的权利及注册，以及住房信贷体系与更为宏观的国家经济和金融部门之间的关系。此外，每一卷都包含了政府介入、补助和奖励、资源调动工具、基于社区的信贷机构与工具，以及非正规住房信贷等方面的详细内容。

目前这一系列首批已经出版的有：《津巴布韦与智利》（2009），以及《泰国、南非、秘鲁、印度尼西亚、玻利维亚和印度》（2008）。这些出版物和其余几卷均可在联合国人居署网站获得，若想对住房信贷体系对于增加低成本住房可得性的重要意义做进一步的深入分析，这些都将是必需的阅读材料。

亚洲的低成本土地和住房

第三部分尾注
PART THREE ENDNOTES

101 UNCHS (1997a) The Istanbul Declaration and The Habitat Agenda. Nairobi: United Nations Centre for Human Settlements (Habitat). Paragraph 75.
102 World Bank (2005). The Macroeconomic and Sectoral Performance of Housing Supply Policies in Selected MENA Countries: A Comparative analysis. Washington, DC: World Bank.
103 UN-HABITAT (2004c). Pro poor land management: Integrating slums into city planning approaches. Nairobi: UN-HABITAT. p.14
104 UN-HABITAT and GLTN (2008). Secure land rights for all. Nairobi: UN-HABITAT.
105 UN-HABITAT and GLTN (2004). Urban Land for All. Nairobi: UN-HABITAT and Global Land Tool Network. (see page 8 for an overview of tenure systems, with an outline of their characteristics, advantages and disadvantages).
106 UN-HABITAT and GLTN (2010). Count Me In: Surveying for Tenure Security and Urban Land Management. Nairobi: UN-HABITAT and GLTN.
107 Nenova, T. (2010). Expanding housing finance to the underserved in South Asia: Market review and forward agenda. Washington: The World Bank. p.257
108 Nenova, T. (2010) p.257
109 Sivam, A. (2002). "Constraints affecting the efficiency of the urban residential land market in developing countries: a case study of India", Habitat International 26(4): 523-537.
110 UN-HABITAT (2006a). Enabling Shelter Strategies: Review of Experience from Two Decades of Implementation. Nairobi: UN-HABITAT.
111 UN-HABITAT (2006a) p.108
112 World Bank (2005)
113 Republic of Iraq and UN-HABITAT (2007). The State of Iraq Cities Report 2006/2007: Cities in Transition. Nairobi: UN-HABITAT.
114 Steinberg, F. (2007). Public sector-private sector and NGO collaboration in provision of access to tenure, housing and livelihood support: challenges from the Philippines. 1st Asia-Pacific Housing Forum. Singapore.
115 Ergüden, S. and R. Precht (2006). Slum upgrading and prevention in Asia-Pacific: progress and challenges. Asia-Pacific Ministerial Conference on Housing and Human Settlements (APMCHHS). New Delhi, India.
116 http://www.bhoomi.karnataka.gov.in/about.htm
117 http://www.un.org/esa/socdev/unpfii/documents/fifthsession_unhabitat_en.pdf
118 http://www.fukuoka.unhabitat.org/projects/pakistan/detail10_en.htm
119 UNCHS (1990). The Global Strategy for Shelter to the Year 2000. Nairobi: UNCHS (Habitat), Paragraph 93.
120 Hoek-Smit, M. C. (1998). Housing Finance in Bangladesh: Improving Access to Housing Finance by Middle and Lower Income Groups.
121 Economic Planning Unit, Prime Minister's Department, Malaysia website: http://www.epu.jpm.my/new%20folder/FAQsocial.htm
122 Government of Malaysia (2006). "Ninth Malaysia Plan 2006-2010". Kuala Lumpur: Government of Malaysia.
123 Sheng, Y. K. (2002). "Housing, the state and the market in Thailand: enabling and enriching the private sector", Journal of Housing and the Built Environment 17(1): 33-47.
124 UNCHS (2001c). Synthesis of national reports on the implementation of the Habitat Agenda in Asia and the Pacific Region. Special Session of the General Assembly for an Overall Review and Appraisal of the Implementation of the Habitat Agenda. New York.
125 UN-HABITAT (2006a)
126 UNCHS (2001c)
127 UNCHS (2000). Review of the implementation of the Habitat Agenda in Africa. Istanbul + 5 Africa Regional Meeting of 6-8 November 2000. Addis Ababa, Ethiopia.
128 Nenova, T. (2010) p.219
129 Government of Bangladesh (2001). Bangladesh National Report: Progress of implementation of the Habitat Agenda (1996-2001). .Government of Bangladesh.
130 UN-HABITAT (2006a)
131 Government of Sri Lanka (2002). Regaining Sri Lanka: Vision and Strategy for Accelerated Development. Government of Sri Lanka.
132 Yanyun Man, J. (Ed) (2011). China's housing reform and outcomes. New Hampshire: Lincoln Institute of Land Policy.
133 Wu, W. (2002). "Migrant Housing in Urban China: Choices and Constraints", Urban Affairs Review 38(1): 90.
134 Wang, Y. P. (2004). Urban poverty, housing and social change in China. London: Routledge.
135 Wu, W. (2002)
136 Lui, H.-K. (2007). "The redistributive effect of public housing in Hong Kong", Urban Studies 44(10): 1937-1952.
137 Ballesteros, M. M. (2002). A second look at institutional reforms in the housing sector, Philippine Institute for Development Studies Policy Notes. No. 2002-11.
138 Uy, W. J. (2006). Medium-Rise housing: the Philippine experience. 5th Asian Forum: Tokyo, Japan.
139 UN-HABITAT (2005d). Financing Urban Shelter: Global Report on Human Settlements 2005. London: Earthscan;
140 Yuen, B. (2005). Squatters no more: Singapore social housing. Third Urban Research Symposium: Land Development, Urban Policy and Poverty Reduction. Brazilia, Brazil.
141 Asian Development Bank (ADB) (2002). Technical Assistance to the Kingdom of Bhutan for Housing Sector Reform. Manila, Philippines: Asian Development Bank.
142 Government of Malaysia (2006)
143 Al-Shafiei, S. (2007). Contemporary middle-class dwellings in Dubai: an assessment of housing space over-consumption and its policy implications. School of Architecture, Planning and Landscape. Newcastle upon Tyne, University of Newcastle. PhD Dissertation.
144 Al-Hathloul, S. A. and N. Edadan (1992). "Housing stock management issues in the kingdom of Saudi Arabia", Housing Studies 7(4): 268-279.
145 Al-Shafiei, S. (2007)
146 Al-Mansoori, M. A. J. (1997). Government low-cost housing in the United Arab Emirates: the example of the Federal Government Low-Cost Housing Programme. Newcastle upon Tyne, University of Newcastle upon Tyne. PhD Dissertation.
147 Al-Otaibi, A. M. (2006). Housing supply and demand in Northern Jeddah: preferences and aspirations. School of Architecture, Planning and Landscape. Newcastle upon Tyne, University of Newcastle. PhD Dissertation.
148 Al-Hathloul, S. A. and N. Edadan (1992)
149 Al-Mansoori, M. A. J. (1997)

150 (Hurriyet, 2011) http://www.hurriyetdailynews.com/n.php?n=toki-chair-self-criticizes-for-not-addressing-social-dimension-in-gentrification-projects-2011-02-23

151 http://www.sabahenglish.com/Economy/2011/02/26/toki_to_break_records

152 Smit, D. and J. Purchase (2006). "A Review of the International Experience with Inclusionary Housing Programmes: Implications for South Africa".

153 Yang, Z. and Y. Shen. (2008). "The Affordability of Owner Occupied Housing in Beijing". Journal of Housing and the Built Environment. 23: 317-335.

154 Cohen, M. (2001). "Urban assistance and the material world: learning by doing at the World Bank", Environment and Urbanization 13(1): 37-60.

155 UN-HABITAT (2005a)

156 Steinberg, F. (2007)

157 For Indonesia see: Asian Development Bank and Economic Development Institute (1991) The urban poor and basic infrastructure services in Asia and the Pacific. Manila, Philippines: Asian Development Bank, Vol III, p. 635-668.

158 For Thailand see: Boonyabancha, S. (2005). "Baan Mankong: going to scale with "slum" and squatter upgrading in Thailand." Environment and Urbanization, 17(21): 21-46.

159 Lankatilleke, L. and Y. Todoroki. (2009). Supporting the People's Process in Human Settlements Development – Re-asserting Responsibility through Support. Journal of Habitat Engineering, 1(1):111-123.

160 UN-HABITAT (2008) People's Process in post disaster and post-conflict recovery and reconstruction. Fukuoka, Japan: UN-HABITAT Regional Office for Asia and the Pacific.

161 Manie, S. (2004) The Peoples Housing Process: current practice and future trends. Available online: http://70.86.182/-dag710e/docs/research/5.pdf

162 UN-HABITAT (2010d) Community-led ger area upgrading in Ulaanbaatar city project. Ulaanbaatar, Mongolia: UN-HABITAT.

163 UN-HABITAT (2008) People's Process in post disaster and post-conflict recovery and reconstruction. UN-HABITAT Regional Office for Asia and the Pacific: Fukuoka, Japan. p. 2.

164 http://www.codi.or.th/housing/selfbuild.html

165 Most of the households involved are probably below the threshold at which ownership is possible through the new-build market, and most where found to be subsidised renters who only recently gained ownership of their government-built dwellings.

166 Tipple, G. (2000). Extending Themselves User-initiated Transformations of Government-built Housing in Developing Countries. Liverpool: Liverpool University Press.

167 Tipple, G. (2000)

168 Tipple, G. (2000)

169 Tipple, A. G. and A. Salim (1999). "User-initiated extensions as housing supply: A study of government-built low-cost housing estates in Malaysia", Third World Planning Review, 21(2): 119-154.

170 UN-HABITAT (2006a)

171 Personal communication with HfH.

172 Majale, M. (2005). "Urban housing and livelihoods: comparative case examples from Kenya and India", in N. Hamdi (Eds) Urban Futures: Economic Growth and Poverty Reduction. London: ITDG Publishing: 125-141.

173 Stevens, L., S. Coupe, et al., Eds (2006). Confronting the Crisis in Urban Poverty: Making Integrated Approaches Work. Rugby: ITDG Publishing.

174 Majale, M. and M. Albu (2001). Livelihoods among the Roofing Construction Subsector In Nakuru, Kenya: Tools for Understanding Sustainable Livelihoods Involving Micro and Small-scale Enterprise.

175 UNCHS (1993). "Building materials for housing: Report of the Executive Director, United Nations Commission on Human Settlements", Habitat International 17(2): 1-20.

176 UN-HABITAT (2006a)

177 UN-HABITAT (2011a). Nepal: Urban Housing Sector Profile. Nairobi: UN-HABITAT.

178 UNCHS (1996a). Global Report on Human Settlements 1996: An Urbanising World. Oxford: Oxford University Press for UNCHS (Habitat).

179 Yanyun Man, J. (Ed) (2011)

180 UN-HABITAT (2005d); UN-HABITAT (2005c). Financing housing and urban development: with special reference to Africa African Ministerial Conference on Housing and Urban Development (AMCHUD). Incorporating the 5th assembly of the African Population Commission serving as the Expert Group Meeting for the Ministerial Segment. Durban, South Africa.

181 UN-HABITAT (2005f). Shared Tenure Options for Women: A Global Overview. Nairobi: UN-HABITAT.

182 Jain, A. K. (1996). The Indian Megacity and Economic Reforms. New Delhi: Management Publishing Company.

183 Rao, P. S. N. (2000). "Housing and land development, Case study: India." World Bank's South Asia Urban and City Management Course, 1-20.

184 Sengupta, U. (2006). "Government intervention in public private partnership in housing in Kolkata", Habitat International 30(3): 448-461.

185 Sengupta, U. and A. G. Tipple (2007). "The performance of public-sector housing in Kolkata, India, in the post-reform milieu", Urban Studies 40(9): 2009-2028.

186 Ansal, S. (2002). Housing for Economically Weaker Section by private participation. Conference on Housing in Nation Building, 3rd National Convention and Exposition, NAREDCO in association with H.T. Estates. New Delhi.

187 UN-HABITAT (2005d)

188 Acioly, C. Jr. (2008). Housing Strategies in the Asia-Pacific Region: Learning from the Past and Addressing Present and Future Challenges. Second Asia-Pacific Ministerial Conference in Housing and Urban Development (APAMCHUD) 12-14 May 2008, Tehran, Iran.

189 UN-HABITAT (2004a). Dialogue on urban realities: innovative urban policies and legislation in implementing the Habitat Agenda and attaining the Millennium Development Goals. World Urban Forum. Barcelona.

190 Meisheng, N. (2006). The status of real estate finance development and the housing finance policy for the middle and low-income groups in China.

191 Ergüden and Precht (2006); UN-HABITAT (2006a)

192 Government of Bangladesh (2005). Bangladesh: Poverty Reduction Strategy Paper. Washington D.C.: International Monetary Fund.

193 CLIFF is also supporting infrastructure and housing initiatives of organizations of the urban poor in India and the Philippines.

194 Homeless International (2007). Community-Led Infrastructure Finance Facility: Annual Review 07.

195 Asian Coalition of Housing Rights (ACHR) (2011) e-news, January March 2011. www.achr.net/.../Architects%20page%20in%20E-News%20Mar%202011.pdf, p.3.

196 Nenova, T. (2010) p.25-26

197 World Bank (2008). Migration and Remittances Factbook 2008. Washington: The World Bank. p.x

198 World Bank (2008) p.22 and 30

199 World Bank (2008) p.22 and 30.

200 World Bank (2008) p.125 (India) and p.82 (China).

亚洲的低成本土地和住房

> 获得适足且低成本的住房取决于适足且低成本的供应土地、基本的基础设施、建筑材料、劳动力和金融：因此必须加强这些资源的可得性。

4

第四部分

值得注意的趋势、建议和结论

图34：马来西亚槟城（Penang）乔治镇（Georgetown）中心区传统的"店宅"
（照片版权：联合国人居署/Matthew French）

4 值得注意的趋势、建议和结论
NOTABLE TRENDS, RECOMMENDATIONS AND CONCLUSIONS

获得适足且低成本的住房取决于适足且低成本的供应土地、基本的基础设施、建筑材料、劳动力和金融：因此必须加强这些资源的可得性。然而，大量有关住房的研究和报告都在强调各类住房供应体系在满足这些基本需求上的失败，特别是以低收入家庭低成本水平而言。低收入群体通常被正规市场排除在外，因此他们不得不通过非正规供应商，以实质上更高的费用购买更低品质的资源。正是在这些领域里，迫切地需要政府采取决定性的行动。[201]

4.1 值得注意的趋势
NOTABLE TRENDS

从前文对适足且低成本的住房以及针对其供应所采取的措施的回顾和分析，可以归纳出一些重要的经验教训。它们总结如下。

适宜住房权
The right to adequate housing

联合国经济社会和文化权利委员会（United Nations Committee on Economic, Social and Cultural Rights）《第4号一般性建议》（General Comment No.4）定义了适宜住房权利的核心要素，包括以下几点：（a）保有权的法律保障；（b）服务、材料、设施和基础设施的可得性；（c）低成本性；（d）可居住性；（e）可达性；（f）位置；以及（g）文化的恰当性。

亚洲地区内的大多数政府已经意识到住房开发对经济增长和社会发展有着重要贡献，同时也是实现普遍人权、特别是住房权的一种工具。为了满足公民对于适足且低成本的住房供应的要求，亚洲各国政府已出台了多种住房政策和策略。

保有权保障
Security of tenure

对大多数现有贫民区居民而言，驱逐是最大的威胁，因为它意味着失去位置适宜、低成本的住房。许多亚洲政府将保有权保障看作住房和城市发展政策的基石，并通过了各种立法来保障土地权和保有权。例如约旦和也门采取了很多措施对贫民区进行整治提升，旨在让居民获得保有权保障。[202]保有权保障对投资住房开发和改善的人而言是一个重要但不充分的条件。其他激励因素，诸如贷款、技术援助以及互助和自助建造的社区组织，也都是必须的。[203]

财政补贴的公共住房计划
Subsidised public housing programmes

大规模的由政府直接供应住房的计划仅在少数几个亚洲国家获得了成功。**中国香港**成功地运行了一个巨大的财政补贴的公共住房计划来满足其一半的人口在低成本的租金和价格水平内的住房需求，而不必诉诸规划工具。有观点认为，这不仅由于政府拥有土地产权和开发权，也因为它优先考虑了并且致力于解决住房问题。[204]中国香港政府的土地供应政策旨在确保可得的住房在数量上能够满足预期需求。[205]在**新加坡**也有类似问题。

在协助下的自助住房
Assisted self-help housing

具有保有权保障的适足且低成本的自住或租赁的住房是个人和家庭营造自己未来的关键资产。在协助下的自助住房，无论是改造或是新建的住房，被证明都是可行的途径。它通过将适足性、低成本性和保障性的范例集合在一起，并使得贫困家庭获得一个像样的家。联合国《千禧年计划》（Millennium Project）证明了，通过自助进行的改造和提供新建住房是一项可实现的目标。[206]世界各地数以百万计的贫困家庭已经成功实行了在协助下的自助解决办法，并满足了他们对低成本住房的需求。至于数百万是否可以上升为数千万则在很大程度上取决于政府的政治意愿。

住房信贷
Housing finance

住房信贷是对亚洲低成本住房的一个很大的制约。或是不提供住房信贷，或是由于偿还期限短、利率高和首付要求高，因而不利于大多数家庭。泰国的政府住房银行（GHB）就提供了一个很好的例子，由政府管理的机构成功地为低收入群体的低成本住房提供信贷。政府住房银行占有超过38%的市场份额，是该国最主要的住房信贷提供者。它的领导地位来自调动国内储蓄和刺激私人部门更多地参与住房信贷。通过结合提供更多有竞争力的住房贷款和一个回应性的住房供应体系，使得住房对于70%到80%的人口变得更容易支付。[207]

小额信贷和基于社区的储蓄团体作为一种将受益范围延伸至城市贫民的积极金融机制已经出现。这个机制已经证明，通过集体行动可以节约大笔的钱并可用于作为国家和国际发展基金的杠杆为团体成员扩大住房项目的规模。然而，这样的机制与住房需求相比规模仍然相对较小，并且在许多国家都受到缺乏制度和法规框架支持的限制，这些框架将低收入家庭从城市和住房开发计划中排除出去。

私人开发商对公共/贫民区用地的再开发
Redevelopment of public/slum land by private developers

在许多亚洲城市中心区的废弃公共用地和贫民区用地，逐渐被视为开发低成本住房的契机。不同的城市和国家正通过邀请私人部门来制定再开发计划来抓住这一机遇。在印度的许多城市里有大量公有的废弃工业用地，它们具有相当大的再开发潜力。在**加尔各答（Kolkata）**正在设计合适的策略以释放数百英亩位于优越地段目前被贫民区和棚户占据的土地的潜力。国家和地方政府都正在研究如何释放城市优越地块中的10000英亩的贫民区土地。

然而，这类计划可能会受到两个看似毫无关联的问题的影响。首先，它们往往会变得高度政治化，像在**加尔各答**发生的那样，这类尝试遭到了来自反对政党的强烈抗议。其次，这类项目会遇到财务难题。例如，**孟买市**在达拉维（Dharavi）贫民区改造的经验的基础上，开始了大规模的贫民区再开发计划。但是该市由于缺少建设资金而无法启动再开发项目，因为这类改造项目被认为风险过大，因此无论是从正规机构还是私人部门进行融资都十分困难。[208]

在**中国**，资金问题，特别是在提供低成本住房时，在许多城市是通过土地拍卖来解决的。土地拍卖让出价最高的竞标者为低收入和中等收入的家庭建造住房。[209] 竞标过程中的透明度和对社会因素的考虑对此方法的可行性而言是至关重要的。这些在**加尔各答**公私合作项目中常常很难看到。在中国，像**深圳、上海**等城市的物价主管部门会设定商品房价格，并且劝阻开发商推动期房房价或是给住户强加任何额外的成本负担。[210] **德里**的经验表明，应该在多元和自由化的条件下，在土地收购和开发过程的不同阶段引入不同的利益相关方。[211]

曼谷在1990年代就已经经历过在**中国**和**印度**的大城市里正在缓慢显现的问题。曼谷的案例证明，私人部门参与到低收入低成本住房是可行的，这对其他国家也可能是一个很好的原型。不过，它也有因其投资过热和不切实际的投机而出现问题的一面。在曼谷都市地区的大规模住房开发主要归因于经济以平均每年8%的速度稳定增长。这才有可能每年提供超过10万套住房，也因此，住房总量从1982年的1036411套增长到2002年的3477640套，仅20年就增长了2.4倍。[212]

性别问题
Gender

在政策和实践中的性别歧视问题通常导致女性在获得和控制资源方面的不良后果——特别是土地和住房方面。在亚洲许多国家，克服妇女歧视仍然是一个重大的挑战。

小额信贷项目显示出妇女在住房开发上

发挥了积极作用。例如，几乎所有的孟加拉乡村银行（Grameen）的住房贷款都由女性借贷（96%）。同样地，大多数基于社区的储蓄团体都是在女性的开发、管理和领导下取得了巨大的成功。不管怎样，在所有涉及土地和住房开发的各级政府、专业领域、贸易和企业的领域，仍需要在大范围内提供女性和男性同等的机会，来确保听到各方面的声音。

可得的、低成本的和有效管理的土地：亚洲的一个核心问题
Available, affordable and efficiently administered land: a central issue in Asia

以低成本的价格和高效透明的方式进行管理的土地是扩大低成本住房供应和限制新贫民区增长的基础。土地的位置对于获得基础设施、服务、娱乐和就业机会非常关键。而确保住房用地在环境较好的地点对于住房的环境可持续性而言也是至关重要的。[213]然而，土地仍然是增加低成本住房供应的一个主要限制。已经开发了多种用于更易获得具有保有权保障的低成本用地的方法。

土地分享和土地整理措施可能是最广为人知的关于私人所有者（通常）出让一块占有的土地来换取实现场地部分商业价值的机会的措施。随后，场地的其余部分被系统地规划，分配给已经占有场地的贫民区居住者并安装服务设施。虽然交易细节各有不同，这种形式的土地投放已经被广泛应用在**印度**、**泰国**和**韩国**，然而它并不总是用来造福贫民。土地银行是另一个广泛使用的方法，通过政府征用或购买土地，随后以低成本的价格进行投放，特别是给贫困群体。然而随着政府资源的减少和土地价格的上涨，该方法越来越少被使用了。一些国家如**菲律宾**和**土耳其**，已经开始利用公共-私人合作的合资企业，从而使得城市贫困人口能够获得土地。也有通过规划的力量来确保土地为低价住房预留的尝试，这通常是作为获得规划许可的条件，例如**马来西亚**。

还有一些其他土地开发措施，虽然它们没有直接促进城市贫困人口的土地供应，但在整体上促进了居住用地的供应，或减少了土地市场的投机程度。这些措施的案例有**印度**《城市土地上限法案》（the Urban Land Ceiling Act）的设立；出台财政措施对资本收益收取"改善"费；或引入高额的闲置土地税以防止囤积土地，如**韩国**。

保证土地和住房交付的计划和承诺
Promising land and housing delivery initiatives and commitments

在《人居议程》（第40段）里，政府承诺：

"增加低成本住房的供应，包括通过鼓励和促进低成本住房产权，并通过公共、私人和社区间的合作增加低成本的租赁、共有、合作和其他形式的住房供应，创建和促进以市场为基础的激励机制，同时充分尊重租户和业主的权利和义务。"

很多政府正在通过新的土地和住房交付计划努力履行其承诺，其中许多计划已在不同政策、策略和实施的文件中进行了概述。

《减贫战略文件》（Poverty Reduction Strategy Papers, PRSPs）是由许多亚洲国家政府通过参与式程序拟定的，参与式程序涉及国内利益相关者和外部发展伙伴，包括国际货币基金组织（International Monetary Fund, IMF）和世界银行（World Bank）。《减贫战略文件》描述了各国在未来三年或更长时间内，为了促进全面增长及减少贫困而采取的宏观经济的、结构的和社会的政策和计划。一些《减贫战略文件》列出了各国计划实施的解决适足且低成本住房需求的新土地和住房交付计划。例如，对**孟加拉**和**柬埔寨**的《减贫战略文件》中列出的新土地和住房交付计划在表8中进行了归纳。现在提及的其他三个案例来自**不丹**、**巴基斯坦**和**斯里兰卡**。

不丹政府在《2002年国家住房政策》中列出了下列住房产业目标。它们是：（1）提供安全、基本和低成本的住房；（2）促进自

表8：《减贫战略文件》列出的新土地和住房交付计划
Table 8: New land and housing delivery initiatives outlined in PRSPS

	新土地和住房交付计划/措施
孟加拉[217]	保护和恢复被非法占领的公共土地； 分配可用的国有土地给贫民建造住房； 土地记录的现代化，更新和实施土地利用政策； 确保穷困户主可从滩涂（从海洋和河流开垦得到的低洼地）上获得其新土地； 帮助失地农民和佃农获得信贷支持； 提供低利率的房屋建设贷款，同时在城市和农村地区增加贷款上限； 在住房政策中加强垂直住房的理念以取代水平扩张的理念。
柬埔寨[218]	在适当的地点为低收入家庭提供低成本的土地； 在这些地点刺激低成本住房的形成； 在原地和安置地点提供水、电和固体废弃物服务； 在原地和安置地点提供适足的排水系统； 在有条件改造的居住区和安置地点提供适足的卫生设施； 在现存的有条件改造的居住区和安置地点为低收入人群提供交通网络和服务； 在现存的居住区（无论是否有条件改造）和安置地点制定防灾减灾计划。

有住房；和（3）创建一个透明且运作良好的住房市场。人们认识到实现上述目标需要多元化的方式，包括：(i)推出一个国家级的城市土地政策并限制土地投机；(ii)促进政策和法规的改革以吸引私人部门；(iii)重新定义政府在住房产业中扮演的角色，从住房提供商和开发者转变为监管机构和顾问；(iv)帮助低收入和中等收入（LMI）人群获得足够的住房信贷；(v)刺激私人部门参与到中低收入住房和相关基础设施的规划、建设和维护中。[214]

巴基斯坦的《临时减贫战略文件》（I-PRSP）提出了向无家可归者免费分配村庄周围的公共用地的计划，并且根据政府住房政策制定了一套改善贫民区生活条件的方案。国家银行和证券交易委员会（State Bank and Securities and Exchange Commission, SECP）将为住房信贷公司制定一套新的法规框架，以鼓励对住房产业的进一步投资。[215]

斯里兰卡将实施一系列为贫民拓宽低成本住房获得渠道及提升低成本住房质量的措施，包括三个主要机制。第一种，城镇可持续发展计划（sustainable townships programme）是科伦坡（Colombo）市采取的一种自筹经费、自愿的房屋重建计划。在这个计划中，贫民区居民自愿地离开他们的住处和土地并被重新安置在高层公寓里。第二，针对极端贫穷者的特殊住房计划（Special housing programmes），在这个计划中将提供优惠性融资来辅助极端贫困的群体改善他们的居住环境。这主要通过大众金融机构以住房补助金和优惠性融资的形式进行。这些支持将提供给那些残障人士、由于自然和人为灾难而无家可归的人、渔民社区和移民打工者。第三，为种植园工人提供的低成本住房（Affordable housing for plantation workers），包括为种植园产业的30万名工人在集群城镇提供20万套住宅。[216]

4.2 关于如何促进更加有效地提供低成本土地和住房的建议
RECOMMENDATIONS ON HOW TO FACILITATE MORE EFFECTIVE AFFORDABLE LAND AND HOUSING DELIVERY

正如这份报告前文的讨论和分析所示，亚洲各国政府正致力于通过采纳与《人居议程》一致的政策和策略来改善适足且低成本的住房的可得性。具体内容如下：

• 通过干预住房市场使住房对于贫民家庭更加低成本；

• 增加建设用地的供应（通过规范保有权和提供基础设施）；

• 增加有配套基础设施的低成本用地的安全可得；

• 检查土地开发和住房建设的法规框架；

• 通过为生活穷困的人提供住房津贴、租赁及其他形式的住房援助来提高低成本性；

• 支持基于社区、合作和非盈利的出租和自有住房项目；

• 与私人部门、非政府组织和社区部门建立合作关系；

• 为无家可归者和其他弱势群体提供支援服务；

• 为住房和社区发展，调动包括公共部门和私人部门在内的创新型金融和其他资源；

• 创建和促进以市场为基础的激励机制，以鼓励私人部门满足低成本的租赁住房和自有住房的需求。

讨论和分析也指出在很多领域迫切需要改进政策，包括如下：

• 现行法规框架，它在很多情况下没有考虑低成本性的因素；

• 正规和非正规的住房租赁，它在很大程度上被政策制定者所忽视；

图35：在印度尼西亚梭罗市（Solo），妇女正在为整修房屋准备屋面材料。
照片版权：联合国人居署/Ruth Mcleod
Figure 35: Women in solo, Indonesia, preparing roofing materials for upgrading their housing.
Photo © UN–HAB/TAT/Ruth Mcleod

• 驱逐和安置策略，它在亚洲部分国家一直在以违反基本人权的方式执行。

根据上述讨论和分析，下文就关于如何促进更有效的低成本土地和交付系统提出了一些建议，并特别关注了住房产业中的关键角色：国家政府、地方政府、私人开发商（商业的；自助的）、住房合作社、非政府组织和其他社会开发商和土地业主。

采取扶持性做法
Adopt the enabling approach

扶持性做法被普遍认为最有希望解决发展中国家城市化进程带来的住房挑战。其中最重要的挑战是快速增长的城市人口、贫困现象的城市化和女性化、贫民区和非正规居住区的增殖和扩张。在扶持性做法中有四种在新建住宅中提供适足且低成本的住房的方法。

• 由非政府组织和其他社会福利组织为最需要的群体直接提供；

• 通过公私合作伙伴关系；

• 通过私人部门提供，通常是通过批准更多的盈利住房以换取一定比例的低成本住房的形式；

• 通过修改法规框架接受由家庭部门和非正规部门建造商共同提供的住房。

此外，现有的住房可以经过升级改造从非正规住房转化为低成本住房。最近关于住房政策对住房供应的影响的经验性研究支持了以下论点：如果政府扶持而不是控制或者取代私人部门，将在整体上提高住房的低成本性——尤其对于城市中的贫民。[219]

法规框架
Ragulatory frameworks

检查法律和规范框架对中央或地方政府而言，都是他们起到《全球住房战略》（GSS）和《人居议程》（Habitat Agenda）中所倡议的"扶持性"作用的重要方式，从而让贫民和其他弱势群体，包括妇女，能够获得适足、安全和低成本的住房。住房产业的整体的法律和规范框架对住房的适足性和低成本性有着重大影响。因此，如果想要实现人人享有适足住房的目标，这个框架必须被定期进行检查。对法律和规范框架的检查对于实现《千禧年发展目标》（MDG）7中的目标11也是非常重要的：到2020年使至少1亿贫民区居民的生活得到显著改善。

法规框架也需要明确满足妇女以及弱势群体的住房需求。女性对于住房大小、布局、位置和建造的要求往往有别于男性，她们往往会被漠视的、缺乏弹性的规划惯例所疏忽和歧视。鉴于以女性为户主的家庭日益增多，以及妇女的三重作用（作为母亲、作为家庭收入者、作为社区管理者），忽视妇女的影响可能意义深远。因此提高性别敏感（无论男女）的规划能力是至关重要的。

增加住房供应带来的经济效益
The economic benefits of increasing housing provision

住房除了作为社会福利和消费的一种形式，住房产业也对国家和地区经济发展起到重要作用：

"经过了几十年关于什么样的住房能够促进经济增长的讨论，目前的一个普遍观点是：住房对一个健康的经济发展来说，不仅是一个次要活动，而是和交通、能源、通讯领域的投资一样，是一个核心力量。"[220]

因此，住房远不只是为人们提供一个住处，"住房投资直接或间接地，通过与经济的前后联系，促进了国家的经济增长，在很大程度上也增加了国家的资本存量"。[221, 222] 住房是一种产生就业的工具，它可以为解决就业不足问题提供机会并改善人力资源，同时也提升商业能力和促进私人企业更经济有效地提供土地和住房。[223]因此当住房市场能够促进国家、城市和家庭的整体经济发展时，扩大低成本住房的可得性不仅带来社会效益或者公平的好处，同时也有明显的经济效益。我们面临的挑战是驾驭住房产业的经济动力使它促进国家经济发展，并将其利益传递给家庭，这两种成果都在前文讨论的印度和中国的住房计划中得到了证实。

低成本的、带有配套基础设施的住房用地
Affordable serviced land for housing

难以以合理的价格获得价钱合理、地理位置优越、带有配套设施的用地被认为是大规模生产低成本住所的主要障碍。[224]《人居议程》（Habitat Agenda）（第77段）呼吁各国政府修订"限制性、排他性和代价高昂的法律法规流程、规划体系、标准和开发条例。"

土地利用规划和开发控制可以通过修改标准和程序以及消除不必要的规定，变得更现实、更灵活、更简化。允许更灵活的标准可以降低可建的、带有配套设施的住房用地的开发成本。这也将避免导致非正规的土地和住房的生产过程非法化，并减少那些歧视和隔离特殊群体的程序。[225]

保有权保障
Security of tenure

虽然获得带有配套设施的土地是开发适足且低成本住房所必须的，但以个人名义的法理上（de jure）的保有权保障并不是一个先决条件。只要人们有不会被强行驱逐的安全感，他们就会建立自己的家园。

创新的保有权政策应该与回应性的城市规划和基础设施供应计划相结合，创新的保有权措施也应该被考虑和采纳。此外，反驱逐的立法应被优先实施，因为保有权保障是保有权规范化和升级的基本前提。

贫民区改造
Slum upgrading

鉴于为新住房开发提供合适的城市用地所需的建设费用和限制，贫民区改造与拆迁相比是一个可以用更低成本解决为城市住户提供适足且低成本住房问题的方法。事实上，贫民区改造的确是一种改善亚洲贫民住房条件的最具成本效益的手段。

联合国《千禧年项目》（The UN Millennium Project）预计，要改造贫民区和实现《千禧年发展目标》（MDG）7中改善1亿贫民区居民生活的目标11，并同时防止新贫民区的形成，需要从2005年到2020年每年投资42亿美元，总投资2940亿美元。进一步的详细估算表明，仅向每人投资440美元就能显著改善6.7亿现有和潜在的贫民区居住者的生活。[226]

图36：尼泊尔新住房
照片版权：联合国人居署/Rasmus Precht
Figure 36: New housing in Nepal.
Photo © UN–HABITAT/Rasmus Precht

因此，亚洲的住房计划应重新关注为贫民区改造提供更高的优先权。

建筑材料和建造业
Building materials and the construction industry

需要制定政策来拓展获得适足且低成本的建筑材料的渠道。同样地，应该支持创新的建造技术的研究和开发。同样紧迫的是需要提高非正规住房产业的技术工人的质量和数量。对环境无害的建造设计和技术，和高能效、低污染的技术应该被促进和更大范围地推广。在这方面，已经有了关于各种技术创新的人性化的技术资料，比如压缩土砖、穹顶建造、钢丝网混凝土管道、夯土技术和拱结构。227联合国人居署和一些适用技术开发机构已经积极推进大规模生产和使用这些适用的建筑材料和建造技术。

小规模的承包商对于落实增加适足且低成本的住房的政策极为重要。如果他们想要得到政府或地方部门的协助进而起到核心作用，那么他们必须与监管机构更加合作，才能从公共部门按照联合国人居署和国际劳工组织（ILO）所敦促的态度转变中获益。228大型承包商被鼓励更好地利用劳动力密集型技术。

住房建设在亚洲国家是一个非常可靠的投资，因为低成本住房对这些经济体最具有经济促进作用。低成本住房比高成本住房多产生30%的工人收入。由于非正规部门比正规部门更加劳动密集，所以非正规部门的建造活动比正规部门多创造20%的就业岗位并且每花费一美元的建设量比正规部门多出六倍以上。然而非正规部门的建造容易滥用劳动力和危害职业健康安全。不过，那些可以通过创造工作岗位和刺激经济来充分利用城市人口增长的国家，不仅可以从空前的城市化进程中生存下来，也可以因此而繁荣。229

公共住房的私有化
Privatisation of public housing

在一些国家，公共住房私有化已被证明是提供适足且低成本的住房的好方法。的确，这已经在多个中国城市中取得成功。从以往的经验可以得出以下的关键性干预措施，如果加以实施，它们可以显著提高出售和转让工作的成功率：

• 必须设置监测和评价机制（由地方政府或其他适当机构），以确保出售和转让程序有更大的透明度和质量控制。

• 相关公共住房机构必须提供足够的信息以确保受益人充分了解置业的各个方面，包括正在提供给他们的选择、他们的权利和责任以及所涉及的经费问题。

• 房屋所需资金必须在产权转让之前由公共住房机构全面解决，必须为该目标准备可用的基金。

• 在这个过程中需要促进适当的居民参与。此过程部分需要通过民主的、具有代表性的、运作良好的居民组织推广来实现。230

合作建房和社区组织（CBOs）
Co-operative housing and community Based Organisations (CBOs)

近年来在发展中国家，合作建房运动已经有了显著发展。某种程度上，这归因于其他住房供应系统无法提供适足且低成本的城市住房。此外，农村地区的集体供养制传统虽然在城镇没那么牢固，但在亚洲的很多国家中还保留一定的影响力。在《人居议程》中写到"考虑到加强扶持策略、参与度和合伙关系的原则，合作建房方案被赋予了主导作用"。

通过提供支持性的地方和国家的框架，应该促进并鼓励有关住房供应的合作团体和社区组织。因为它们目前的形式是相对比较新的，所以需要发展新的参与形式来形成政府和私人部门与社区组织之间的有效的合作伙伴关系。应该大规模地支持社区组织的努力以应对住房挑战的需要。

融资机制
Financing mechanisms

在亚洲，缺乏住房信贷是获得适足且低

成本的住房的主要限制。总体来说，正规的住房信贷机制对贫民来说是不可得且支付不起的。然而，小额住房信贷和社区基金的创新为很多人，尤其是妇女增加了获得机会。亚洲地区对社区基金越来越多的利用体现了下列趋势，住房政策和战略制定应该将其纳入考虑：

- 从强制驱逐或重新安置转变为贫民区改造；

- 支持社区组织和非政府组织的发展；

- 从严格遵循"市场支持"（market enabling）范式下的住所交付，转变为认识到有必要对低收入阶层提供一定程度的补贴。

各国政府应鼓励和支持多样的住房金融体系的发展。特别是必须给予以社区为基础的措施更大的认可和支持，如日常储蓄计划（daily-savings schemes），以及从这些演变而来的城市贫民联合会。支持贫困家庭的渐进式建造方式的住房信贷金融体系可以使住房信贷更加低成本。此外，必须激发私人部门开发住房信贷的新模式，特别针对那些值得信赖的、有偿还能力，但无法承担针对中高收入群体使用的按揭模式的贫民（通过群体联保贷款）。

然而，各国政府应该在寻求干预机会时保持谨慎，并确保自己的行动不会产生不良后果。政府必须制订战略，配合改进其他关键性住房投入（如土地、基础设施和建材）的可用性和可得性，以增加住房信贷产品的获得。如果住房供应不足，激增住房贷款的获得机会而没有相应增加其他的基本住房投入，可能会导致房价上升，造成或延续对低收入住户负担能力的限制。同样，如果是供大于求，但没有足够的住户能够获得信贷来购买它们，那么房产市场将会崩溃。[231]

4.3 总结
CONCLUSION

在亚洲各地的很多国家，很多低收入家庭都被迫生活在贫民区和非正规居住区的不适足住房里，因为缺乏足够的他们能支付得起的高质量的住房。事实上，太多时候，贫困住户为了满足基本住房需求把过多的收入份额花在住房上，所以许多人不得不减少其他基本需求的开支，如食品、教育和医疗保健方面。

在亚洲，快速而持续的城市化和人口增长增加了低成本土地和住房的压力。在未来十年的每天里，亚洲城市必须每天建设至少2万套新住房来容纳新增的12万人。[232]显然，在面临着这种城市化压力下，亚洲的家庭在获得、保留和维持适足且低成本的住房的同时，也面临着相当大的挑战。

亚洲国家在文化、社会、地理、经济，以及在住房和城市规划历史及当前形式上，都非常多样化。亚洲国家有着显而易见的先例，例如**新加坡**通过一系列的政策干预成功地实现了适足住房的普及，从而在很大程度上解决了住房问题。然而不幸的是，亚洲也有负面先例，一些国家的住房产业以住房严重不足、大量不卫生的贫民区和非正规居住区为特点，在那里绝大部分的人被剥夺了获得适足住房的人权。

尽管亚洲国家面临严峻的土地和住房低成本性的挑战，本书已经展示了一些提供低成本的土地和住房的证据。尤其是新兴经济强国**中国**和**印度**，在满足大量低收入家庭的低成本住房需求上获得了最大的成功。本报告同样显示，按照《人居议程》的建议，亚洲很多国家的政府，正在采用和实施旨在使房屋可居住、低成本和可获得的政策和战略。如果各国政府积极实施有关政策和战略，那么全民都能获得适足的低成本住房是可以实现的。但是这样做首先需要强大和持续的政治意愿。

图37：就像印度大多数城市一样，德里（Delhi）市中心的住宅是密集的，经常过度拥挤，而且混合着小型的商业企业。
照片版权：联合国人居署/Matthew French

Figure 37: Like many cities in India, inner-city housing in Delhi is dense, often overcrowded, and is mixed with small-scale commercial enterprises.
Photo © UN-HABITAT/Matthew French

亚洲的低成本土地和住房

第四部分尾注
PART FOUR ENDNOTES

201 UNCHS (1997b) Shelter for All: The Potential of Housing Policy in the Implementation of the Habitat Agenda. Nairobi: UNCHS(Habitat).

202 UNCHS (2001e). Synthesis of national reports on the implementation of the Habitat Agenda in the West Asia Region. Special Session of the General Assembly for an Overall Review and Appraisal of the Implementation of the Habitat Agenda. New York.

203 UNCHS (2001d). Synthesis of national reports on the implementation of the Habitat Agenda in the Africa Region. Special Session of the General Assembly for an Overall Review and Appraisal of the Implementation of the Habitat Agenda. New York.

204 Chiu, R. L. H. (2007). "Planning, land and affordable housing in Hong Kong ", Housing Studies 22(1): 63 - 81.

205 Chiu, R. L. H. (2004). Planning and affordable housing in Hong Kong. Planning and Housing: Policy and Practice. Housing Studies Association Conference 2004.

206 UN Millennium Project (2005). A Home in the City. Task Force on Improving the Lives of Slum Dwellers. London: Earthscan.

207 UN-HABITAT (2006a). Enabling Shelter Strategies: Review of Experience from Two Decades of Implementation. Nairobi: UN-HABITAT.

208 Mukhija, V. (2001). "Enabling slum redevelopment in Mumbai: policy paradox in practice", Housing Studies 16(6): 791-806.

209 Yanyun Man, J. (Ed) (2011). China's housing reform and outcomes. New Hampshire: Lincoln Institute of Land Policy.

210 Mak, S. W. K., L. H. T. Choy, et al. (2007). "Privatization, housing conditions and affordability in the People's Republic of China", Habitat International 31(2): 177-192.

211 Sivam, A., D. Evans, et al. (2001). "An approach to improved housing delivery in large cities of less developed countries", Habitat International 25(1): 99-113.

212 Pornchokchai, S. and R. Perera (2005). "Housing speculation in Bangkok: lessons for emerging economies", Habitat International 29(3): 439-452.

213 Marcuse, P. (2006). "The role of the public sector in promoting affordable housing", Global Urban Development 2(1).

214 Asian Development Bank (ADB) (2002). Technical Assistance to the Kingdom of Bhutan for Housing Sector Reform. Manila, Philippines: Asian Development Bank.

215 Government of Pakistan (2001). Pakistan: Interim Poverty Reduction Strategy Paper (I-PRSP). Washington D.C.: International Monetary Fund.

216 Government of Sri Lanka (2002). Regaining Sri Lanka: Vision and Strategy for Accelerated Development. Government of Sri Lanka.

217 Government of Bangladesh (2005). Bangladesh: Poverty Reduction Strategy Paper. Washington D.C.: International Monetary Fund.

218 RGC (2002). National Poverty Reduction Strategy 2003 - 2005, Royal Government of Cambodia (RGC).

219 Buckley, R. M. and J. Kalarickal (2005). "Housing policy in developing countries: Conjectures and refutations", World Bank Research Observer 20(2): 233-257.

220 Tibaijuka, A. (2009). Building prosperity: housing and economic development. London: Earthscan. p.1

221 Tibaijuka, A. (2009) p. 1

222 UNCHS/ILO (1995). Shelter provision and employment generation. Nairobi: UNCHS and Geneva: ILO.

223 Green, R. (1997). Follow the leader: how changes in residential and non-residential investments predict changes in GDP, Journal of Finance, 51(5):1188-1214.

224 UN-HABITAT (2005e). Land Tenure, Housing Rights and Gender in Namibia. Nairobi: United Nations Human Settlements Programme (UN-HABITAT).

225 UN-HABITAT (2006a)

226 UN-HABITAT (2005e)

227 UNCHS and AVBC (2001a). "Compressed earth blocks", poster 1 of 5 on low-cost building techniques; and UNCHS and AVBC (2001c); UNCHS and AVBC (2001b); UNCHS and AVBC (2001e); UNCHS and AVBC (2001d)

228 UNCHS/ILO (1995)

229 UNCHS (1997a) The Istanbul Declaration and The Habitat Agenda. Nairobi: United Nations Centre for Human Settlements (Habitat).

230 Social Housing Foundation (2006). Ensuring Readiness for Transfer of Municipal Housing Stock: Lessons Learned from Experiences of the Metropolitan Municipalities of Cape Town, eThekwini, Nelson Mandela and Johannesburg. Houghton,, Social Housing Foundation.

231 FinMark Trust (2006). How Low Can You Go? Charting the Housing Finance Access Frontier: A Review of Recent Demand and Supply Data. FinMark Trust.

232 Asian Development Bank (ADB) (2006). Urbanization and Sustainability in Asia: Good approaches in Urban and Region Development. Mandaluyong City, Philippines: ADB and Cities Alliance. p.1

图38：在中国南宁，挂在多层楼房窗外的洗涤物。
（照片版权：联合国人居署/Matthew French）

5

第五部分

参考文献

图39: 在日本东京(Tokyo)市中心的多层沿河住宅。
(照片版权：联合国人居署/Matthew French)

亚洲的低成本土地和住房

A

Acioly, C. Jr. (2008). Housing Strategies in the Asia-Pacific Region: Learning from the Past and Addressing Present and Future Challenges. *Second Asia-Pacific Ministerial Conference in Housing and Urban Development* (APAMCHUD) 12-14 May 2008, Tehran, Iran.

Agus, M., J. Doling, and D. Lee. (Eds) (2002). *Housing Policy Systems in South and East Asia.* New York: Palgrave.

AGFE (2009) Mission to Istanbul, Republic of Turkey. June 8-11th 2009. Report to the Executive Director of the UN Programme.

Al-Hathloul, S. A. and N. Edadan (1992). "Housing stock management issues in the kingdom of Saudi Arabia", *Housing Studies* 7(4): 268-279.

Al-Mansoori, M. A. J. (1997). Government low-cost housing in the United Arab Emirates: the example of the Federal Government Low-Cost Housing Programme. Newcastle upon Tyne, University of Newcastle upon Tyne. PhD Dissertation.

Al-Otaibi, A. M. (2006). Housing supply and demand in Northern Jeddah: preferences and aspirations. School of Architecture, Planning and Landscape. Newcastle upon Tyne, University of Newcastle. PhD Dissertation.

Al-Shafiei, S. (2007). Contemporary middle-class dwellings in Dubai: an assessment of housing space over-consumption and its policy implications. School of Architecture, Planning and Landscape. Newcastle upon Tyne, University of Newcastle. PhD Dissertation.

Ansal, S. (2002). Housing for Economically Weaker Section by private participation. Conference on Housing in Nation Building, 3rd National Convention and Exposition, NAREDCO in association with H.T. Estates. New Delhi.

Asian Development Bank (ADB) and Economic Development Institute (1991). *The urban poor and basic infrastructure services in Asia and the Pacific.* Manila, Philippines: Asian Development Bank, Vol I-III

Asian Development Bank (ADB) (2002). *Technical Assistance to the Kingdom of Bhutan for Housing Sector Reform.* Manila, Philippines: Asian Development Bank.

Asian Development Bank (ADB) (2006). *Urbanization and Sustainability in Asia: Good approaches in Urban and Region Development.* Mandaluyong City, Philippines: ADB and Cities Alliance:

Asian Development Bank (ADB) (2008a). *Managing Asian cities: sustainable and inclusive urban solutions.* Mandaluyong City, Philippines: Asian Development Bank.

Asian Development Bank (ADB) (2008b). *City cluster development: toward an urban-led development strategy for Asia.* Mandaluyong City, Philippines: Asian Development Bank.

Asian Development Bank (ADB) (2008c). *Urban development experience and visions: India and the People's Republic of China.* Mandaluyong City, Philippines: Asian Development Bank.

B

Ballesteros, M. M. (2002). A second look at institutional reforms in the housing sector, Philippine Institute for Development Studies Policy Notes. No. 2002-11.

Baindur, V. and L. Kamath. (2009). *Reengineering Urban Infrastructure: How the World Bank and Asian Development Bank Shape Urban Infrastructure Finance and Governance in India.* Bank Information Centre. South Asia, August 2009.

Baross, P. (1987). "Land supply for low-income housing: issues and approaches." *Regional Development Dialogue.* 8(4): 29-45.

Bertaud, A. (2005). Kabul Urban Development: current city structure, spatial issues, recommendations on urban planning.
Boonyabancha, S. (2005). "Baan Mankong: going to scale with 'slum' and squatter upgrading in Thailand." *Environment and Urbanization,* 17(21): 21-46.

Buckley, R. M. and J. Kalarickal (2005). "Housing policy in developing countries: Conjectures and refutations", *World Bank Research Observer* 20(2): 233-257.

C

Cacnia, F. (2001). *Microfinance approach to housing: The Community Mortgage Program.* Makati City, Phillipines: Phillipine Institute for Development Studies.

Chiu, R. L. H. (2004). Planning and affordable housing in Hong Kong. Planning and Housing: Policy and Practice. Housing Studies Association Conference 2004.

Chiu, R. L. H. (2007). "Planning, land and affordable housing in Hong Kong ", *Housing Studies* 22(1): 63 - 81.
Cities Alliance (no date). The Community-Led Infrastructure Financing Facility (CLIFF) www.citiesalliance.org/ca/sites/citiesalliance.org/.../cliff-article%5B1%5D.pdf

Colombo Municipal Council, Sevanatha Urban Resource Centre and UN-HABITAT Urban Management Programme (2006). Building Capacity to Facilitate Change: A Practical Guide to Alleviate Urban Poverty. Urban Poverty Reduction through Community Empowerment Project (UPRP) Colombo, Sri Lanka 2001-2003. Colombo, Sri Lanka: SEVANATHA.

Cohen, M. (2001). "Urban assistance and the material world: learning by doing at the World Bank", *Environment and Urbanization* 13(1): 37-60.

COHRE (2008). *One World, Whose Dream? Housing Rights Violations and the Beijing Olympic Games*. Geneva: Centre on Housing Rights and Evictions (COHRE).

D

Dahua Group. (2007). "Record of apartment price of Gemdale Green Town (Wuhan)." Retrieved 16th October, 2007, from http://newhouse.wuhan.soufun.com/newhousenet/newhouse/newhouse_detail_more.aspx?newcode=2_610067994&ptype=price.

Deng, L., Q. Shen, and L. Wang. (2010). The merging housing policy framework in China. *Journal of Planning Literature*. Online, pp. 1-16.

Duncan, J. (n.d.). *A Right to a Decent Home: Mapping Poverty Housing in the Asia-Pacific Region*. Bangkok: Habitat for Humanity International (HfH).

E

Ergüden, S. and R. Precht (2006). Slum upgrading and prevention in Asia-Pacific: progress and challenges. Asia-Pacific Ministerial Conference on Housing and Human Settlements (APMCHHS). New Delhi, India.

F

FinMark Trust (2006). How Low Can You Go? Charting the Housing Finance Access Frontier: A Review of Recent Demand and Supply Data. FinMark Trust.

Freeman, A., R. Chaplin, & C. Whitehead. (1997). Rental affordability: A review of international literature. Discussion Paper No. 88, Cambridge, UK: Department of Land Economy, University of Cambridge.

G

Gilbet, A and J. Gugler. (1992). *Cities, Poverty and Development: Urbanisation in the Third World*. Oxford: Oxford University Press.

Green, R. (1997). Follow the leader: how changes in residential and non-residential investments predict changes in GDP, *Journal of Finance,* 51(5):1188-1214.

Government of Bangladesh (2001). Bangladesh National Report: Progress of implementation of the Habitat Agenda (1996-2001). Government of Bangladesh.

Government of Bangladesh (2005). Bangladesh: Poverty Reduction Strategy Paper. Washington D.C.: International Monetary Fund.

Government of Malaysia (2006). "Ninth Malaysia Plan 2006-2010". Kuala Lumpur: Government of Malaysia.

Government of Pakistan (2001). Pakistan: Interim Poverty Reduction Strategy Paper (I-PRSP). Washington D.C.: International Monetary Fund.

Government of Sri Lanka (2002). Regaining Sri Lanka: Vision and Strategy for Accelerated Development. Government of Sri Lanka.

H

Hardoy, J. and D. Satterthwaite. (1984). Third world cities and the environment of poverty. *Geoforum,* 15(3):307-333.

Hardoy, J. and D. Satterthwaite. (1989) *Squatter citizen: life in the urban Third World*. London: Earthscan.

Hasan, A., A. Sadiq, and S. Ahmed. (2010). Planning for high density low-income settlements: four case studies from Karachi. Human settlements working paper series, London: International Institute for Environment and Development (IIED).

Hoek-Smit, M. C. (1998). Housing Finance in Bangladesh: Improving Access to Housing Finance by Middle and Lower Income Groups.

Homeless International (2007). Community-Led Infrastructure Finance Facility: Annual Review 07.

Huang, Y. (2004). "Housing Markets, government behaviours, and housing choice: a case study of three cities in China". *Environment and Planning A*, 36: 45-68.

I

Islam, Nazrul (Ed) (2000). Urban Land Tenure and Housing Finance in Bangladesh. Papers and Proceedings of the Seminar on Secure Tenure in Dhaka 17-18 November 1999. Centre for Urban Studies: Dhaka, Bangladesh.

J

Jack, M. (2006). Urbanisation, sustainable growth and poverty reduction in Asia. *IDS Bulletin,* 37(3): 101-114, May 2006.

Jain, A. K. (1996). *The Indian Megacity and Economic Reforms.* New Delhi: Management Publishing Company.

K

Kironde, J. M. L. (1992). "Received concepts and theories in African urbanisation and management strategies: the struggle continues", *Urban Studies* 29(8): 1277-1292.

Kumar, S. (1996). "Landlordism in third world urban low-income settlements: a case for further research", *Urban Studies* 33(4/5): 753-782.

L

Laquain, A., V. Tewari, and L. Hanley. (Eds) (2007). *The inclusive city: infrastructure and public services for the urban poor in Asia.* Baltimore: John Hopkins University Press.

Lankatilleke, L. and Y. Todoroki. (2009). Supporting the People's Process in Human Settlements Development – Re-asserting Responsibility through Support. *Journal of Habitat Engineering,* 1(1):111-123.

Lee, M. (1995). The community mortgage program: an almost-successful alternative for some urban poor. *Habitat International,* 19(4): 529-546.

Lui, H.-K. (2007). "The redistributive effect of public housing in Hong Kong", *Urban Studies* 44(10): 1937-1952.

M

Ma, L. (2002), "Urban transformation in China, 1949-2000: a review and research agenda", *Environment and Planning A,* 34:1545-1569

Majale, M. (2005). "Urban housing and livelihoods: comparative case examples from Kenya and India", in N. Hamdi (Eds) *Urban Futures: Economic Growth and Poverty Reduction.* London: ITDG Publishing: 125-141.

Majale, M. and M. Albu (2001). Livelihoods among the Roofing Construction Subsector In Nakuru, Kenya: Tools for Understanding Sustainable Livelihoods Involving Micro and Small-scale Enterprise.

Mak, S. W. K., L. H. T. Choy, et al. (2007). "Privatization, housing conditions and affordability in the People's Republic of China", *Habitat International* 31(2): 177-192.

Marcuse, P. (2006). "The role of the public sector in promoting affordable housing", *Global Urban Development* 2(1).

Martine, G., G. McGranahan, M. Montgomery, and R. Fernández-Castilla. (2008). *The new global frontier: urbanization, poverty and Environment in the 21st century.* London: Earthscan.

Meisheng, N. (2006). The status of real estate finance development and the housing finance policy for the middle and low-income groups in China.

Ministry of Urban Development, Government of India (2009) Jawaharlal Nehru National Urban Renewal Mission: Towards better cities. Ministry of Urban Development, India. P. 11. Available online: https://jnnurmmis.nic.in/jnnurm_hupa/index.html

Mitlin, D. (2008). Poverty Reduction in Urban Areas Series Working Paper 18: Urban Poor Funds: development by the people for the people. London, UK: Institute for Environment and Development (IIED).

Mitlin, D. (2010) Shelter finance in the age of Neo-liberalism. *Urban Studies,* Online, pp. 1-17.

MoHUPA (2010) *Towards more Inclusive Cities.* Brochure, Ministry of Housing and Poverty Alleviation, India. https://jnnurmmis.nic.in/jnnurm_hupa/index.html and Ministry of Urban Development, Government of India (no date) *Jawaharlal Nehru National Urban Renewal Mission Overview.* Ministry of Urban Development, India.

Molen, P. and Lemmen C. (Eds) (2005). Secure Land Tenure : `New Legal Frameworks and Tools in Asia and the Pacific` : Proceedings of an Expert Group Meeting held by FIG Commission 7, on 8-9 December, Bangkok, Thailand. International Federation of Surveyors: Frederiksberg, Denmark.

Mukhija, V. (2001). "Enabling slum redevelopment in Mumbai: policy paradox in practice", *Housing Studies* 16(6): 791- 806.

Murali, R. (2006). Workshop Proceedings: *Workshop on Jawaharlal Nehru National Urban Renewal Mission: Issues and Opportunities* held on 22.09.2006 organized by SUSTAIN-PERT-UN-HABITAT-SICCI-CUPA-TUFIDCO.

N

Nenova, T. (2010). *Expanding housing finance to the underserved in South Asia: Market review and forward agenda.* Washington: The World Bank.

Norton, J. (1990). The Grameen Bank Housing Loan Project. in, *Mimar,* 34: 36-41, London: Architecture in Development.

O

Ooi, G. (2005). *Housing in Southeast Asian capital cities.* Southeast Asia Background Series, No. 4. Institute of Southeast Asian Studies Publications: Singapore.

P

Patkar, M. and Singh, S. (2007). Urban Renewal: At whose cost? *Economic and Political Weekly*, 17th March 2007, Issue 11. http://epw.org.in/epw/user/hid_artid=10573

Pornchokchai, S. and R. Perera (2005). "Housing speculation in Bangkok: lessons for emerging economies", *Habitat International* 29(3): 439-452.

R

Rao, P. S. N. (2000). "Housing and land development, Case study: India." World Bank's South Asia Urban and City Management Course, 1-20.

Republic of Iraq (2010). *Iraq national housing policy.* Ministry of Construction and Housing. Baghdad: Republic of Iraq (supported by UN-HABITAT).

Republic of Iraq and UN-HABITAT (2007). *The State of Iraq Cities Report 2006/2007: Cities in Transition.* Nairobi: UN-HABITAT.

RGC (2002). National Poverty Reduction Strategy 2003 - 2005, Royal Government of Cambodia (RGC).

RICS (2008). *Asian Housing Review 2008.* Hong Kong: RICS (Royal Institution of Chartered Surveyors) Asia.

S

Sait, S. and H. Lim. (2006). *Land, Law and Islam: Property Rights in the Muslim World.* London: Zed Books.

Sato, H. (2006). "Housing inequality and housing poverty in urban China in the late 1990s", *China Economic Review* 17(1): 37-50.

Sengupta, U. (2006). "Government intervention in public private partnership in housing in Kolkata", *Habitat International* 30(3): 448-461.

Sengupta, U. and A. G. Tipple (2007). "The performance of public-sector housing in Kolkata, India, in the post-reform milieu", *Urban Studies* 40(9): 2009-2028.

Sheng, Y. K. (2002). "Housing, the state and the market in Thailand: enabling and enriching the private sector", *Journal of Housing and the Built Environment* 17(1): 33-47.

Sivam, A. (2002). "Constraints affecting the efficiency of the urban residential land market in developing countries: a case study of India", *Habitat International* 26(4): 523-537.

Sivam, A., D. Evans, et al. (2001). "An approach to improved housing delivery in large cities of less developed countries", *Habitat International* 25(1): 99-113.

Smit, D. and J. Purchase (2006). "A Review of the International Experience with Inclusionary Housing Programmes: Implications for South Africa".

Social Housing Foundation (2006). Ensuring Readiness for Transfer of Municipal Housing Stock: Lessons Learned from Experiences of the Metropolitan Municipalities of Cape Town, eThekwini, Nelson Mandela and Johannesburg. Houghton,, Social Housing Foundation.

SPARC (2009). SPARC Annual Report 2008-2009. Society for the Promotion of Area Resource Centres, India. And http://www.nirman.org/index.html, including: SPARC Samudaya Nirman Sahauak (2010) Samudaya Nirman Sahauak Annual Report. Nirman, India.

Sri Lanka (2005). Sri Lanka: Millennium Development Goals Country Report 2005.

Steinberg, F. (2007). Public sector-private sector and NGO collaboration in provision of access to tenure, housing and livelihood support: challenges from the Philippines. 1st Asia-Pacific Housing Forum. Singapore.

Stephens, M. (2010). Locating Chinese urban housing policy in an international context. *Urban Studies.* Online, p. 1-18. doi:10.1177/0042098009360219

Stevens, L., S. Coupe, et al., Eds (2006). *Confronting the Crisis in Urban Poverty: Making Integrated Approaches Work.* Rugby: ITDG Publishing.

T

Tay, K. P. (2007). Creating a home-owning society. 1st Asia-Pacific Housing Forum, Singapore.

Takahashi, K. (2009). Evolution of housing development paradigms for the urban poor: the post-war Southeast Asian Context. *Journal of Asia-Pacific studies,* 13, October: 67-82.

Tunas, D. and Peresthu, A. (2010). The self-help housing in Indonesia: The only option for the poor? *Habitat International* 34(3): 315-322, July 2010.

Turner, J. F. C. (1976). *Housing by People*. London: Marion Boyers.

Tipple, A. G. and A. Salim (1999). "User-initiated extensions as housing supply: A study of government-built low-cost housing estates in Malaysia", *Third World Planning Review*, 21(2): 119-154.

Tipple, G. (2000). *Extending Themselves User-initiated Transformations of Government-built Housing in Developing Countries*. Liverpool: Liverpool University Press.

Tiwari, G., U. Raghupathi, and J. Husain Ansari. (2007). Improving housing and basic services for the urban poor in India. *In*, Laquain, A., V. Tewari, and L. Hanley. (Eds) (2007) *The inclusive city: infrastructure and public services for the urban poor in Asia*. Baltimore: John Hopkins University Press: Baltimore, pp. 41-75.

U

(UN-DESA) United Nations Department of Economic and Social Affairs, Population Division (2009). *World Urbanization Prospects: The 2009 Revision*.

(UN-DESA) United Nations Department of Economic and Social affairs, Population Division (2008). *World Population Prospects: The 2008 Revision*.

UN-HABITAT (1998). Community Development Programme for Asia, Proceeding of the Regional Seminar on "Supporting Effective and Equitable Financial Services for the Urban Poor", 1-3 April. Bangkok, Thailand: UN-HABITAT.

UN-HABITAT (2003a). *The Challenge of Slums: Global Report on Human Settlements 2003*. London: Earthscan.

UN-HABITAT (2003b). *Rental Housing: An Essential Option for the Urban Poor in Developing Countries*. Nairobi: UN-HABITAT.

UN-HABITAT (2003c). *Slums of the World: The Face of Poverty in the New Millennium*. Nairobi: UN-HABITAT.

UN-HABITAT (2004a). Dialogue on urban realities: innovative urban policies and legislation in implementing the Habitat Agenda and attaining the Millennium Development Goals. World Urban Forum. Barcelona.

UN-HABITAT (2004b). *The State Of The Worlds Cities 2004/2005: Globalization and Urban Culture*. London: Earthscan.

UN-HABITAT (2004c). *Pro poor land management: Integrating slums into city planning approaches*. UN-HABITAT: Nairobi.

UN-HABITAT (2005a). Addressing the challenge of slums, land, shelter delivery and the provision of and access to basic services for all: Overview. African Ministerial Conference on Housing and Urban Development (AMCHUD). Incorporating the 5th assembly of the African Population Commission serving as the Expert Group Meeting for the Ministerial Segment. Durban, South Africa.

UN-HABITAT (2005b). *Facts and Figures about Financing Urban Shelter*. Nairobi: UN-HABITAT.

UN-HABITAT (2005c). Financing housing and urban development: with special reference to Africa African Ministerial Conference on Housing and Urban Development (AMCHUD). Incorporating the 5th assembly of the African Population Commission serving as the Expert Group Meeting for the Ministerial Segment. Durban, South Africa.

UN-HABITAT (2005d). *Financing Urban Shelter: Global Report on Human Settlements 2005*. London: Earthscan.

UN-HABITAT (2005e). *Land Tenure, Housing Rights and Gender in Namibia*. Nairobi: United Nations Human Settlements Programme (UN-HABITAT).

UN-HABITAT (2005f). *Shared Tenure Options for Women: A Global Overview*. Nairobi: UN-HABITAT.

UN-HABITAT (2005g). *Accommodating People in the Asia-Pacific Region*. Fukuoka, Japan: UN-HABITAT.

UN-HABITAT (2006a). *Enabling Shelter Strategies: Review of Experience from Two Decades of Implementation*. Nairobi: UN-HABITAT.

UN-HABITAT (2006b). *State of the World's Cities 2006/7*. London: Earthscan.

UN-HABITAT (2007a). *Enhancing Urban Safety and Security: Global Report on Human Settlements*. London: Earthscan.

UN-HABITAT (2007b). Secretary General's visit to Kibera, Nairobi 30-31 January, 2007.

UN-HABITAT (2007c). *The State of Iraq Cities Report 2006/2007: Cities in transition*. Nairobi, UN-HABITAT in association with Global Urban Research Unit (GURU), Newcastle University.

UN-HABITAT (2007d). Final Report June 2007: Local Partnerships for Urban Poverty Alleviation Project, LGED/UNDP/UN-HABITAT Project-BGD/98/006. Dhaka, Bangladesh: UN-HABITAT.

UN-HABITAT (2008). *Housing finance mechanisms in Thailand*. *The Human Settlements Finance Systems Series,* Nairobi: UN-HABITAT.

UN-HABITAT (2009a). *Community-based housing finance initiatives: the case of community mortgage programmes in Philippines*. Nairobi: UN-HABITAT.

UN-HABITAT (2009b). *Community development fund in Thailand: a tool for poverty reduction and affordable housing*. Nairobi: UN-HABITAT.

UN-HABITAT (2009c). *Housing finance mechanisms in Republic of Korea*. The Human Settlements Finance Systems Series, Nairobi: UN-HABITAT.

UN-HABITAT (2009d). *Innovative Approaches for Involuntary Resettlement: Lunawa Environmental Improvement & Community Development Project*. Nairobi: UN-HABITAT.

UN-HABITAT (2010a). *The State of Asian Cities 2010/11.* Regional Office for Asia and the Pacific (ROAP), Fukuoka, Japan: UN-HABITAT

UN-HABITAT (2010b). *State of China Cities 2010/2011: Better city, better life.* China: China Science Center of International Eurasian Academy of Science and China Association of Mayors.

UN-HABITAT (2010c). ERRA's Programme for Virtually Landless People of AJK & Khyber Pakhtoonkhwa: End of Project Report, July 2008-May2010. Islamabad, Pakistan: UN-HABITAT.

UN-HABITAT (2010d). *Community-led ger area upgrading in Ulaanbaatar city project.* Ulaanbaatar, Mongolia: UN-HABITAT.

UN-HABITAT (2011a). *Nepal: Urban Housing Sector Profile.* Nairobi: UN-HABITAT.

UN-HABITAT (2011b) *A policy guide to rental housing in developing countries.* Quick Policy Guide Series. Vol. 1. UN-HABITAT: Nairobi.

UN-HABITAT and GLTN (2004). *Urban Land for All.* Nairobi: UN-HABITAT and GLTN.

UN-HABITAT and GLTN (2008). *Secure land rights for all.* Nairobi: UN-HABITAT and GLTN.

UN-HABITAT and GLTN (2010). *Count Me In: Surveying for Tenure Security and Urban Land Management.* Nairobi: UN-HABITAT and GLTN.

UN Millennium Project (2005). *A Home in the City. Task Force on Improving the Lives of Slum Dwellers.* London: Earthscan.

UNCHS (1990). *The Global Strategy for Shelter to the Year 2000.* Nairobi: UNCHS (Habitat).

UNCHS (1993). "Building materials for housing: Report of the Executive Director, United Nations Commission on Human Settlements", *Habitat International* 17(2): 1-20.

UNCHS (1996a). *Global Report on Human Settlements 1996: An Urbanising World.* Oxford: Oxford University Press for UNCHS (Habitat).

UNCHS (1997a) *The Istanbul Declaration and The Habitat Agenda.* Nairobi: United Nations Centre for Human Settlements (Habitat).

UNCHS (1997b) *Shelter for All: The Potential of Housing Policy in the Implementation of the Habitat Agenda.* Nairobi: UNCHS(Habitat).

UNCHS (2000). Review of the implementation of the Habitat Agenda in Africa. Istanbul + 5 Africa Regional Meeting of 6-8 November 2000. Addis Ababa, Ethiopia.

UNCHS (2001a). Implementing the Habitat Agenda: The 1996-2001 Experience. Report on the Istanbul+5 Thematic Committee, 25th Special Session of the United Nations General Assembly, New York, 6-8 June 2001.

UNCHS (2001b). *The State of the World Cities 2001.* Nairobi: UNCHS (Habitat).

UNCHS (2001c). Synthesis of national reports on the implementation of the Habitat Agenda in Asia and the Pacific Region. Special Session of the General Assembly for an Overall Review and Appraisal of the Implementation of the Habitat Agenda. New York.

UNCHS (2001d). Synthesis of national reports on the implementation of the Habitat Agenda in the Africa Region. Special Session of the General Assembly for an Overall Review and Appraisal of the Implementation of the Habitat Agenda. New York.

UNCHS (2001e). Synthesis of national reports on the implementation of the Habitat Agenda in the West Asia Region. Special Session of the General Assembly for an Overall Review and Appraisal of the Implementation of the Habitat Agenda. New York.

UNCHS and AVBC (2001a). "Compressed earth blocks", poster 1 of 5 on low-cost building techniques.

UNCHS and AVBC (2001b). "Dome construction", poster 3 of 5 on low-cost building techniques.

UNCHS and AVBC (2001c). "Ferro-cement channels", poster 2 of 5 on low-cost building techniques.

UNCHS and AVBC (2001d). "Rammed earth construction", poster 5 of 5 on low-cost building techniques.

UNCHS and AVBC (2001e). "Vault construction", poster 4 of 5 on low-cost building techniques.

UNCHS/ILO (1995). *Shelter Provision and Employment Generation.* Geneva: United Nations Centre for Human Settlements (Habitat), Nairobi: International Labour Office (ILO).

UNEP and SKAT (2007). *After the Tsunami: Sustainable Building Guidelines for South-East Asia.* Nairobi: United Nations Environment Programme (UNEP).

Uy, W. J. (2006). Medium-Rise housing: the Philippine experience. 5th Asian Forum: Tokyo, Japan.

Uzum, B., Çete, M. and Mustafa Palancıoglu, H. (2009) Legalizing and upgrading illegal settlements in Turkey. *Habitat International.* Article in Press.

V

Verma, G. (2002). *Slumming India: A chronicle of slums and their saviours.* New Delhi: Penguin.

Villero, J. M. (2010). "The Right to Housing situation: still searching for a roof." Available online: http://philrights.org/wp-content/uploaDS/2010/10/The-Right-To-Housing-Situation.pdf from the Phillipines Human Rights Information Center.

W

Wang, Y. P. (2004). *Urban poverty, housing and social change in China*. London: Routledge.

Werlin, H. (1999). "The slum upgrading myth". *Urban Studies,* 36(9): 1523-2534,

World Bank (1993). *Housing: Enabling Markets to Work*. Washington, D.C.: World Bank.

World Bank (2005). *The Macroeconomic and Sectoral Performance of Housing Supply Policies in Selected MENA Countries: A Comparative analysis*. Washington, DC, World Bank.

World Bank (2006). *Housing Finance in East Asia*. Washington, D. C.: World Bank.

World Bank (2008). *Migration and Remittances Factbook 2008*. Washington: The World Bank.

Wu, W. (2002). "Migrant Housing in Urban China: Choices and Constraints", *Urban Affairs Review* 38(1): 90.

Y

Yang, Z. and Y. Shen. (2008). "The Affordability of Owner Occupied Housing in Beijing". *Journal of Housing and the Built Environment.* 23: 317-335.

Yanyun Man, J. (Ed) (2011). *China's housing reform and outcomes*. New Hampshire: Lincoln Institute of Land Policy.

Yeh, S. and A. Laquian. (1979). *Housing Asia's millions: problems, policies and prospects for low-cost housing in Southeast Asia*. Ottawa: International Development Research Centre.

Yeung, Y. M. (1983). *A Place to Live: More Effective Low-cost Housing in Asia,* Ottawa.: International Development Research Center.

Yeung, S. and R. Howes. (2006) "The role of the housing provident fund in financing affordable housing development in China". *Habitat International,* 30: 343-356.

You, N. (2007). Making the market work for pro-poor urban housing. 1st Asia-Pacific Housing Forum. Singapore.

Yuen, B. (2005). Squatters no more: Singapore social housing. Third Urban Research Symposium: Land Development, Urban Policy and Poverty Reduction. Brazilia, Brazil.

图40：在越南胡志明市（Ho Chi Minh）住房的狭窄、垂直的形态，和屋顶的加建。
照片版权：联合国人居署/Matthew French

Figure 40: The narrow, vertical form and the rooftop additions of housing in Ho Chi Minh city, Vietnam.
Photo © UN–HABITAT/Matthew French